捜査指揮

岡田 薫

角川文庫
16539

捜査指揮　目次

プロローグ

第一編　執行力と判断力

第二編　捜査指揮官の判断と決断

プロローグ

●過渡期でない現在はない

警察庁に入ったのは昭和四十七年。すでに三十五年余りになる。そのうち二十年を、直接刑事にかかわる仕事で過ごしてきた。新宿警察署盗犯係を振り出しに、池袋《いけぶくろ》警察署刑事調査官、県警の鑑識課長や捜査二課長、千葉・兵庫県警の刑事部長、刑事以外にも警察署長や警察本部長として多くの場面で犯罪捜査に携わってきた。最後に警察庁刑事局長まで務めさせてもらった。

私は、もともと刑事が好きでこの世界に入ったので大変幸せだった。

今振り返ると、比較的平穏な時代だったのかもしれない。歴史の中には、もっともっと厳しい時代があったのだから。

しかし、「過渡期でない現在はない」という言葉がある。必死で生きる現在は、決して平穏ではあり得ない。

●出る杭《くい》も育てよう

平成十五年八月、兵庫県警本部長から警視庁副総監に転勤になった際、次のような挨拶《あいさつ》をした。

「過渡期でない現在はない」という言葉があります。人や組織は様々な荷物を背負って、現在を必死に生きています。だからこそ、自分の生きている時代をいつも変動、激動の時、つまり過渡期と感じるというわけです。しかし、本当の過渡期がいつであったかは、後の時代になってみなければ分からないということでもあります。

本部長在任二年間、厳しいこともありました。人がどう評価してくれるかは別として、私自身にとっては第一線における警察人生の集大成という気持ちもあって、当初は若干遠慮していましたが、言いにくいことも言い（もっとも人によっては言いたいことばかり言っていたと受け止めている方もいらっしゃいますが）、やるべきこともできたのではないかと、それなりの充実感を持っています。

聞かされた人たちにとっては、「うるさい本部長」だったと思います。もっともだと思うこともあったでしょうが、間違ったことも言ってきたと思います。ただ、ときに逆境の中にあったとしても、そうしたことを話し合えたことをうれしく思っています。

私は「法隆寺五重の塔は、見えにくい所まできちっとしているから長持ちする」[※1]という言葉が好きです。我々の仕事も外見上の完璧《かんぺき》主義にとらわれすぎることなく、見えにくい所での努力が大切です。

私は、従来マイナスとのみ捉《とら》えられがちであった無罪事件や不処分事件、あるいは令状請求の却下などについて、それらが一定の範囲で発生することは、警察という仕事の性質上むしろ健全性の証《あかし》なのだと言ってきました。異論のある人もいると思いますが、そうした考え方を背景にして、現場での意識も変化し、一歩前に出た仕事が行われてきているのだと自負しています。

結果としての成功事例でも失敗事例でも、いつも反省教訓事項はあります。ときにつらい現実も直視した上で、より「強く、正しく、温かい」兵庫県警察を築いてほしい。なお、その際「真剣にやろう、しかし深刻になりすぎるな!」「出る杭も育てよう」ということも繰り返させていただきたい。

※1　ある未明、NHKラジオ深夜便「こころの時代」で聞いた、宮大工の小川三夫《おがわみつお》さんの言葉。

●「大変だ、大変だ」は八五郎の口癖

「平穏な時代だったのかもしれない」と言った。少しやせ我慢ではある。最近の警察は「大変だ、大変だ」と言いすぎるというのが私の印象である。外の人がそう言ってくれるのはありがたい。

しかし、多くの警察官がそんな泣き言を言っていてどうなるのだ。「大変《てえへん》だ、大変だ」は八五郎《はちごろう》の口癖。平次《へいじ》親分はそんなことは言わない。

本当に必死になって働いている警察官ほど、めったなことで大変だなどとは言わないものである。

確かに、昭和四十年代後半から平成はじめにかけては比較的平穏な時代であった。治安のバロメーターといわれる強盗事件の認知は、昭和三十年代で年間五千～四千件台、四十年代は三千～二千件台、六十年から平成三年までは二千件以下であった。

それが平成十年には三千件を超え、それからは毎年ほぼ千件増加して、あっという間に平成十五年には八千件近くに達した。

強盗ばかりではない。オウム関連の事件の発覚が平成七年。ひったくりをはじめとする街頭犯罪の激増。来日外国人によるものを含め残虐な犯罪の頻発などなど。国民の犯罪に対する不安感は平成十年代に入って急速に高まった。※1

そうした不安感が高まっていく時期に、神奈川県警、新潟県警での不祥事、発覚後の対応のまずさ、警察刷新会議などによる改革のための努力にもかかわらず、桶川《おけがわ》事案や石橋《いしばし》事案の発生と国民からの強い批判が表面化した。組織的な課題の蓄積は一朝一夕にはよくならない。地道な努力の積み重ねによって本物の改革・改善がなされる。

※1 詳しくは、岡田薫「日本の犯罪現象―昭和三〇年代以降の刑法犯を中心に―」『レファレンス』六六六号（二〇〇六年七月・八―三二頁）

●人は逆境では転ばない

そんな中の平成十二年二月、警察大学校特別捜査幹部研修所修了式の式辞で次のような話をした。

ここしばらくの間、警察をめぐる情勢は激変しています。それを踏まえてお帰りになるわけでありますが、修了式の爽《さわ》やかな気分のときに、いささか耳の痛いこともあるかもしれませんが、最後に私なりの思いを申し上げて皆さんの参考にしていただきたいと思います。

今年は戦後五十五年、独立した第一次捜査権が警察に与えられて五十年余りの節目の時期でありました。

この間、刑事警察は、幾多の困難に直面しつつ、充実強化の努力を重ねながら今日に至ったことは、皆さんお聞きのとおりです。

昭和二十八年の刑事訴訟法改正をめぐっては、逮捕権の運用に対する批判、あるいは破防法に関する指示をめぐっての警察と検察の対立、そしてまた警察法全体の改正という背景を背負って、警察批判の嵐が噴出しました。

それに対しては、原案を修正した上での刑事訴訟法の改正という形で一応の決着をみましたが、その際、刑事警察の刷新改善ということが掲げられました。そのときのスローガンは、捜査の適正化と合理化ということであったと思います。

その後約十年を経て、昭和三十六年から、偽造千円札事件、あるいは帝国ホテルでのアメリカ人富豪殺人事件、草加次郎の名による連続爆破事件等が発生し、いずれの事件も未解決でありました。

これに対し、国民一般は、「警察は何となく無能ではないか」と感じたと言われています。そうしたさなかに吉展《よしのぶ》ちゃん事件が起き、狭山《さやま》事件が発生しました。このとき、国民の空気は、「何となく無能」と思っていた警察に対する評価をさらに激しくし、「明らかに無能」と評価するに至りました。

参議院の地方行政委員会では、「引き続き起こる未解決事件は国民に不安と失望の念を与えている」という言葉を含んだ決議を行いました。

それを受けて警察は、刑事警察強化対策要綱を制定し、特にその際強調されたのは刑事教養の充実・徹底ということでありました。その一環として、それから三年ほど経るわけでありますが、昭和四十二年六月に、特別捜査幹部研修所が発足したわけであります。

この経緯については、皆さん方、十分に心に刻んでいただきたいと思います。

その後、昭和四十年代、五十年代、六十年代、そして平成に至るまで、その時々、都市化の進展や科学化の進展等を受けて、いろいろな改善、刷新の努力がなされてきたことにつきましては、改めて今、繰り返しはいたしません。

しかし、そうした中で、様々な先人の努力が行われたにもかかわらず、今の時点の現実をもう一度皆さん方は直視する必要があるのではないかと思います。先人の努力を踏まえつつも、刑事警察という枠組みを超えて戦後の日本警察にとって最も基本的であり、かつ、重要な責務であるとされた犯罪捜査の現状をどう認識し、あるいは犯罪捜査力という視点からみて、今何が問題で何をなすべきなのか、幹部自らが、自らの都道府県の実情を十分に把握した上で考えなければならない時だと思います。

昨年（平成十一年）十一月の本部長会議で、当時の刑事局長は、警察捜査五十年目の節目ということで、捜査指揮、捜査管理の在り方、捜査倫理の問題について何点かの話をされました。残念ながら、その際の危機感は、深まりこそすれ、決して薄れることはなかったのが現実であります。

失われた信頼を取り戻すということは大変難しいことであります。その難しさを知る者が、地道な努力の積み重ねによって信頼を得ることの大切さを知るのだろうと思います。

おそらく十年前、わが国で通信傍受法を立案するというようなことはとうてい不可能だろうと考えられていました。

その後の情勢の変化、例えば、一方で組織犯罪に対する危機感の深まり、国際情勢の変化、あるいは他方で、警察への理解と信頼が徐々に高まってきたことがあって、昨年の組織的犯罪対策三法の成立があったと私は認識しています。

言いにくいことでありますが、こうした信頼は一連の不祥事、不適正事案で一挙に吹き飛んでしまいました。

人は逆境では転ばない、順境、好調なときほど危険なのだという諺《ことわざ》が思い出されます。

最良の不祥事対策は、善良な国民に評価される前向きな仕事をすることだという皆さんのご意見があります。そのとおりだと思います。あるいは、いざというときに頼りになる警察の姿を国民の前に見せることであります。

犯罪捜査という観点からすれば、充実した捜査力のもとに悪質な犯罪者と闘い、事件を解決検挙して、国民に安心と信頼を与えることであると思います。

しかるに現実はどうでしょう。現場で苦労をしている人たちのことを考えると言いにくいことでありますが、いたいけな小学生が同種の前歴のある男に九年余りも拉致《らち》監禁されている間、警察は救助してくれなかった。

ストーカーまがいの男につきまとわれた女性が殺されるまで、警察はいったい何をしてくれたのか。

保険金目的の殺人事件でも、何人かが殺されるまで事件は闇から闇に葬られているのではないかという疑いを国民は持っています。

しかも、事が発覚した際、責任逃れのために事実の歪曲《わいきょく》に終始しているという印象さえ与えているのが現実であります。

いったい、現場においてどういう捜査指揮がなされ、どういう実態把握がなされているのでしょうか。不作為による権力の濫用が蔓延《まんえん》しているのではないかとさえ言えます。

権力の濫用は、その行使による濫用より、不作為、不行使による濫用の方が重大であるということは、明らかなのです。

統計面をみても昭和四十一年の刑法犯逮捕人員十八万人に対し、平成十年のそれは七万六千人であります。半分以下。現行犯逮捕についてみると、三分の一への落ち込みです。また、任意・強制をあわせた知能犯の検挙人員は戦後のピーク時に比べて十分の一以下となっています。そうしたことが、練度や指揮能力にどう影響しているのか。

路上強盗やひったくりなどが頻発し安全な空間が狭まりつつある今日の日本の治安が、その数字にみられるほど良くなっているのでしょうか。捜査力の向上は、現実を直視することから始まるのではないかと思います。

お互いが傷口を舐《な》め合い、捜査をめぐる情勢は厳しいとか、現場は苦労しているなどと言っている間に事態はここまできてしまったということを認識すべきではないかと思います。私自身、刑事警察に長年携わってきた者として心から反省する次第です。

では、いったい今何をなすべきか。これは刑事警察のみの問題ではないことは、先ほど申し上げたとおりであります。捜査というのは広い底辺を必要とする、ある程度は非能率的な世界です。目先の効率、目先の合理性だけをみると失敗しかねません。また、警察庁からの指示や要綱を待つのではむなしいでしょう。

第一に、幹部として自分自身が何をなすべきなのか。

第二に、部下、後輩に何をさせるべきなのか。

第三に、署長等の上級幹部に何をしてもらうのか。

自ら考えてほしいのです。

その際、常々申し上げていることの要約でありますが、次の三点を改めて申し上げます。

一つは、自らの頭で考える習慣を身に付けること。かつて刑事局長時代の國松《くに》（孝次）元長官は、「刑事教養の目的は何かといえば、自分の頭で考える刑事を育てることだ。人間は自分で考えて行動する時に、最もよくその力を発揮する」、「刑事ほど自分で考える力を持たなければならない職業人はない」、「時々現場で起きる、信じられないようなポカの多くは、自分の頭で考えて動いていないから起こるのではないか」と言っています。

二つには、良質な経験、自らのものだけでなく、他人や他県あるいは他の世界の良質な経験・体験、もちろん失敗事例を含むものでありますが、それらを十分蓄積し、生かす努力をすることです。

三つ目は、警察官にとって何よりも大切な資質である粘り、執念を身に付ける、逆境において奮い立つ意気込みを持つことだろうと思います。

諸君の一層の精進と発展を心から期待しています。

最後になりますが、特に遠方から来られた研修生の皆さん、留守を守られた家族に対し十分のねぎらいをしていただきたいと思います。

ご家族ともども、ご健勝とご多幸を心からお祈り申し上げます。


さて私にとって、エポックメイキングな挨拶《あいさつ》を二つ載せたが、単行本時の版元、東京法令出版の下井義海さん、工藤敦さんから、刑事警察に長年携わってきた中で感じてきたこと、言ってきたことをまとめてみないかと勧められた。捜査指揮に関することなどは、犯罪捜査に携わる人ばかりではなく、一般の人にも参考になるのではないかとも言ってくれた。この種の仕事は、少しうぬぼれがないとできないことであるが、恥を忍んで挑戦してみることとした。

なお、できるだけ具体的に書きたいと思っているが、プライバシーの問題や、悪い人に悪用されたくないこと、記憶違いもあることなどから、個別事件は若干アレンジすることとした。

第一編　執行力と判断力

Ⅰ　警察の基本と初動

●いざという時に頼りになる警察官

警察の基本とは何か。いろいろあると思うし、人によって異なるところもある。私は、大きな基本は、「いざという時に頼りになる」ということであると思っている。

この逆、いざという時に頼りにならない警察への風当たりは極めて強い。当然である。

私にとって、神戸西警察署管内で発生した、暴力団員による大学院生殺害事件について書くことはつらいことである。しかし、まずそのつらいことから始めるべきであろう。

平成十四年三月四日午前三時過ぎ、神戸市内の団地前路上で、大学院生ら二人と広域暴力団の三次団体の組長との間で、車の止め方に関してトラブルになった。院生らは、前日午後九時ころから当日午前一時ころまで酒を飲んでいた。組長のほうも、同じころから二時半ころまで酒を飲んでいた。組長は愛人と一緒である。

院生らが自宅がある団地に着いて、車を降りた時、団地から出てきた組長らと出くわす。院生らの車の止め方に腹をたてた組長が、二人を殴りつける。しかし、しばらくすると逆に組長が院生の友人に押さえつけられ、院生は近くの交番（現場から約六十メートル）に警察官を呼びにいくが、三時から仮眠中の二人の警察官は気付かない。

やむなく院生は現場に戻り友人とともに組長を押さえつける。一方、愛人は組長がやられていることを子分らに電話し応援を求める。

また、近所の女性からは警察署にけんかの通報が入り、院生からも警察本部に一一〇番通報がなされる。やがて組員が順次現場に到着（警察官の現場到着前に三人、その後さらに二人）し、院生らを組長から引き離し、暴行を加えた上、院生を車に押し込み、さらに友人も捕まえようとする時に警察官が到着する。最初の通報からおよそ十七分である。

その時、友人はパトカーに逃げ込んだが、組員らは、「われ、出てこんかい」と怒鳴りながら、パトカーのドアノブを引っ張って揺すり、友人を車外に引き出そうとしたという。

警察は一人を救出保護、救急隊に引き渡したことで安心してしまい、組員らの逮捕もできず、職務質問も中途半端で、院生が車に押し込まれていることに気付かなかった。

中心となったとみられる組員が交番に出頭するということと交換条件のような形で、ほとんどのパトカーや警察官（最終的には地域課長[※1]をはじめ、本部自動車警ら隊[※2]、機動捜査隊[※3]を含め十八名が臨場）を引き揚げさせてしまう。

その組員は、「自分が一人でやった」、「相手も一人だった」と強弁したため、警察の責任者は、「実行犯をかばった身代わりかもしれない」「誤認逮捕になるかもしれない」と恐れて逮捕せず、事後捜査とすることにして組員を帰宅させてしまう。

院生については、当初、現場から立ち去りとの判断がなされたが、次第に車で連れ去られた可能性が高まり、いろいろ探したが発見できなかった。午前八時三〇分、宿直から署長に報告される。署長は「なぜ暴力団員を逮捕しなかったのか」と叱責《しっせき》し、逮捕と院生の所在確認を指示する。

そのころまでに、院生は車で第二現場、第三現場に連れて行かれ凄惨《せいさん》なリンチを加えられた上、第四現場に放置され死亡してしまう[※4]。

最悪の結果となった最大の原因は、警察官の現場到着の遅さである。大きな問題点は、幹部の判断力の悪さと現場の執行力の弱さであり、その前提として、関係警察官の間での重要情報共有の欠如と指揮官の不在がある。

※1　警察署において、交番や駐在所、パトカーの警察官を統括する。階級は警部。
※2　警察本部に置かれるパトカーの部隊。
※3　警察本部の刑事部に所属する執行隊。通称として機捜《きそう》とも呼ばれる。通常私服の刑事が、俗に言う覆面パトカーで勤務し、原則として事件の初動捜査に従事する。

※4　詳しい事実認定は、神戸地裁平成十六年十二月二十二日判決、大阪高裁平成十七年七月二十六日判決参照。

●初動は警察の命

この事件で、警察にとって初動がまさに命であることを痛感した。今では暴力団や不良仲間は、様々な連絡手段を持っている上、彼らは順法などということとはほど遠い存在であるから、行動が早い。もはや、組織としての通信手段を警察が独占できた時代ではない。

そこで、少し刺激的ではあったが、「初動は警察の命」というスローガンを掲げた。警察は、動きながら考えなければならない。普段からいろいろと考えていることはもちろん大切であるが、いざという時には、まず行動して、考えながら行動しないと職務を果たせない。

●ハインリッヒの法則

労働災害に関する法則に、「ハインリッヒの法則」というものがあるそうである。一件の重大災害の裏には二十九件のかすり傷程度の災害があって、さらにその後ろには、ヒヤリとしたりハッとしたりして、冷や汗が流れるような事例が三百件潜んでいるというものだそうである。

今度の事件の背後にも、危ない場面がたくさんありそうに思える。そこにメスを入れる必要がある。

●「夏炉冬扇」「昼行灯」

「夏炉冬扇《かろとうせん》」という難しそうな言葉がある。

「夏の炉」「冬の扇子」ということであるから、役に立たない物の代名詞あるいは時機を失しているという意味になるであろう。

また、似たような言葉に「昼行灯《あんどん》」がある。兵庫では、大石内蔵助《おおいしくらのすけ》がその代表であろうか？　しかし、彼の場合は、「昼行灯」のふりをしていたのであるから、本当の「昼行灯」とは違うことになる。

吉川英治《よしかわえいじ》の『宮本武蔵』には、吉野太夫《よしのだゆう》が「いつも張りつめてばかりいたら、簡単に斬られてしまうに違いない」と、吉岡伝七郎との決闘から帰った武蔵に言って、琵琶《びわ》を割って中を見せ、わずか四本の弦からの複雑で細やかな音色は、横木の弛《ゆる》みから生まれるのだということを示す場面がある。武蔵二十二歳の時である。

刑事はもちろん、警察官は、いざという時に頼りにならなければならない。さらに言えば、「いざという時に頼りになる上司」、もっと言えば、「いざという時に頼りになる部下」にならなければならない。

張りつめすぎてもいけないいし、あるいは、「夏炉冬扇」「昼行灯」になってもいけないが、そのふりをしなくてはならないことはある。もちろん普段から頼りになっていいのであるが、警察官はいざという時こそ頼りにならなければいけない。

●事の軽重の判断

そのことから考えると、神戸西の事件は断腸の思いである。

現場には警察官が十八人も行っていた。

被害者の友人一人は助けることができた。それで、もう一人いるはずということが分かったのであったが、最初は自力で逃げたのではないかと判断した。

被害者は事件発生現場の団地に住んでいた。家がどこかも全然分からないのだったらまだしも、このケースでは自宅を訪問することもできた。とりあえず電話で被害者の母親に聞いたら、「帰っていません。何かあったのですか」と言われている。

その時、「いやちょっとけんかがあって」とだけ言って、きちんとした説明をしていない。詳しく説明していれば、また違った展開になったかもしれない。

母親というのは偉大なものである。親というのは子供がけんかして、けがしているかもしれないとなれば、必死になって探す。そして、必死になって探してくれと訴えるものである。

説明すべき相手に説明していない。そして、時間が経過していくに従って、段々と「あれ、危ないな。もしかしたら大変なことになっているかもしれない」と思った人が、徐々に増えていったのではないか。

最後まで多くの警察官が「たいしたことはない」と思っているほど鈍感ではあるまい。初動でミスしたかもしれない。初動のミスでしかられることと、まずは所在不明の一人を全組織挙げて探すべきではないかということと、どちらが重いのか。暴力団員を逮捕するかしないかも大事だが、被害を受けている可能性のあるうちの一人の所在が不明であることの重さが判断できないのか。事の軽重の判断が全くできていない。

似たようなトラブルはしばしばあって、「こんな重大な結果が生じたことはいまだかってない」といった経験がなまじあることから、このような事態になるなどとは予想できなかったという初動警察官の弁解は必ずしも否定できないのかもしれない。

しかし、ある時点以降、相当やられている可能性があると考えなければ警察官としての資質があるとはいえない。

このようなまずい判断が、巡査、巡査部長だけならともかく、係長、課長に上がり、当直責任者に上がり、副署長に上がり、署長に上がる。

どうして、そういう状況がずっと引き継がれ続けてしまうのか。

さすがに本部の暴力団対策担当課に事件の話が来た段階で、

「おい、それは大問題になるかもしれない」

と、すぐに精鋭の部隊を投入した、というのが経緯である。もっとも、警察署でも、さすがにその時点では、そういう認識に至ったから本部主管課に連絡してきたのであろう。

この結果からみて、一番大事なのは、やはり「いざという時に頼りになる警察官」なのである。それがしっかりしていて、はじめて市民との「ふれあい運動」などの活動が生きてくる。

一番大事なことをきっちりとやった上で、そのほかのことがなされてその価値が上がる。

一番大事なものを見失って、ほかのことをいくらやったってダメである。

——夏炉冬扇になるなかれ。

これは、もちろん私自身の反省でもある。

●判断力＝センス×情報

判断を誤った後に是正できるかというのも判断力のうちである。判断力のよい人は最初の判断ミスをなかなかしないが、最初の判断ミスをしやすい人は是正する力もあまりない。そこが悩ましい。では、判断力をどう養うのか。

この判断力について考えるとき、やはりセンスというものが重要な要素であるといえる。センスには生まれつきのものと、努力・環境に負うところとがある。判断力のもう一つの要素として、情報収集力がある。正しい情報が多ければ多いほど判断力は高まる。

判断力＝センス×情報である。

センスがマイナスになるほど悪い人には、間違った情報を入力すると正しい判断が得られることもある（マイナス×マイナス＝プラス？）。

だとすれば、センスや情報収集力を高めるにはどうしたらいいのか。様々な方法があり、自分の頭で考えることが大切だが、私は、

物事に批判的な人や勝負師の話を聞くこと

雑用をいとわないこと

が大切だと思っている。

●任意か強制か？

警察官が強制処分を行うには、具体的な法律の根拠が必要である。職務質問は通常任意のものと考えられているし、交番等への同行要請も任意である。昔はお巡りさんの言うことを素直に聞く人が多かったようであるが、最近はそうでもない。

素直に答えたり、説明したりしてくれれば簡単に済む話でも、わざとこじらせて警察をたたこうとする者もいる。

わざわざ怪しい素振りをして職務質問を仕向け、警察官に「法的根拠は何だ」などと問い詰めて喜んでいる自称インテリもいる。

もちろん、犯罪を隠そうとしたり、疑いをそらしたりするため因縁をつけてくる者もいる。

神戸西の事件では、警察官が暴力団員に「単なる口論や。関係ないから帰れ」「強制かこれは。任意やろ。任意と違うんか」などと言われている。

警察官の中には、「任意か強制か」と言われてひるむ者もいる。そう言われて、時に迷うことがあるのは仕方がない。迷ったって、気合いでいかなければならない時もある。

「お前の出方次第だ。あんたが職務質問に応じず、しかも、パトカーに逃げ込むけが人を追いかけて大声を出すなら、強制でやる」というくらいの啖呵《たんか》を切ってもらいたい。

そう言って、後で「警察官の言葉遣いが悪かった」とか、「警察官がお前とか何とか言っていいのか」などと言ってくる者がいたって、そんなのは状況次第であろう。「逮捕権をちらつかせて任意同行をした」などと言って国会で問題にされたりするかもしれない。「反抗的な態度をとった人たちに、警察は逮捕権をちらつかせるのか。そんなことはありません。今後も一切しませんとはっきり言ってください」などと追及されるかもしれない。そんな時に、「今後そのような事のないようにしたい」などと答弁したら、どこかおかしくないだろうか。

交番に道を聞いてきた人に、「お前、そんなことも知らないのか」とか、「そんな場所なんて、あるわけないじゃないか」とか言ったり、あるいは、「家の近所でガラスが割れているので、お巡りさん、危ないから片付けてください」と言われて、「そんなこと、お前に言われる筋合いはない。危ないんだったら自分で片付けろ」などと言ったりするのとは訳が違う。

確かにガラスが割れて危なければ、「自分で片付けたらどうだろう」と言いたくなることもある。

犬が糞《ふん》をしている。「あれは条例違反じゃないか。証拠品として押収すべきじゃないか」などと言う人がいるかもしれない。理屈で言うとそうかもしれない。

「分かりました。じゃあ押収手続をとらせていただきます」と言うのか。

部下から相談を受けたらどう答えるか。それを押収しなかったからと言って、目くじら立てて、怒って来る人の方が変ではないだろうか。それで、署長、副署長のところに抗議に来たからといって、それはうまく対応してやらなければ、その交番の巡査等は可哀想というものであろう。

話が横道にそれた。本筋に戻そう。

●定石を覚えて二目弱くなり

法律を中途半端に学ぶと執行力が弱くなる。定石を覚えて二目弱くなり、である。

神戸西の事件では、パトカーまで揺すられていたのである。

私は、公務執行妨害で現行犯逮捕するという判断もあったと思う。あるいは、傷害で緊急逮捕できたかもしれない。

傷害に限らず犯罪の共犯というのは、必ずしも実行行為に加わらなくてもいいわけである。服を脱いで、けがで血だらけになっている人を追いかけて来て、パトカーから出せなんて言っているのだったら、これは緊急逮捕どころか、現行犯でもいけるかもしれない。現場の詳しい事実認定をしていないのであくまでも一般論ではあるが。

今の警察は誤認逮捕を恐れすぎている。それでも発生する。私も国会で何度か叱られている。

「血を流しているけど診断書がないので傷害になりません」などと言う人がいる。

えっ、ほんと、勘弁してほしい、という感じである。

そういう人がたまにいる。中途半端に法律を勉強してはいけない。

親告罪[※1]の場合、告訴がなければ強制処分はできない、などという人もある。

目の前で女性が強姦《ごうかん》されていたり、物が壊されていたりするのに「強姦や器物損壊は親告罪なので、まだ告訴を受けていないから逮捕できない」などと言うのか。

目の前で犯罪が行われているのに、現行犯逮捕[※2]できないのだろうか。まあ、強姦では、目の前でされていることは滅多にないだろうが、緊急逮捕[※3]の事案はあり得るだろう。

ただ、告訴しないという意思が明白なものについては、逮捕を控えたほうがいいというのは理解できる。

国会答弁案の中でさえ、親告罪については告訴があるまで強制処分は控えるといった文言に出会ったことがある。桶川事件では、はじめは「告訴がなければ動けません」と言っておきながら、後には、「告訴は一旦《いったん》なかったことにしてくれませんか。告訴は犯人が捕まってからでも間に合います」などと言っている。

時々「犯罪になるかどうか分からないので動けない」という警察官や検察官がいる。本来は、犯罪かどうか分からないから捜査をするのである。

だから、事件になるかどうか分からないから警察は動けませんなどというそんな理屈はあり得ない。

よく知りもせず、知ったかぶりをして、したり顔での説教じみた話を聞かされるのは、いやなものである。

※1　告訴がなければ公訴を提起できない犯罪。

※2　現に罪を行い、又は現に罪を行い終わった者を現行犯人という。現行犯人は、誰でも逮捕状なしに逮捕できる。

※3　憲法は、「何人も、現行犯として逮捕される場合を除いては」司法官憲（裁判官）が発する令状によらなければ逮捕されないとしているが、刑事訴訟法は、事後直ちに逮捕状を求めることなどを条件に、重大な罪を犯したことを疑うに足りる充分な理由がある場合には、逮捕状なしに被疑者を逮捕できるとしている。これを緊急逮捕という。

あろう。

●何のために法を学ぶのか

なぜこのような理解をする者がいるのであろうか。

それは、根本的に誤った勉強をしている、あるいは、誤るような教育をしているからであろう。

中途半端に法律の勉強をして、中途半端な間違った解釈をすることが一番問題である。特に、自分の担当部門に関する法律は、きちんとやってもらいたい。捜査第一課だったら殺人、暴行、脅迫、傷害など、捜査第二課だったら詐欺、横領、背任などは、大きな解説書、参考書を買って、しっかり勉強し現実に起きていることに当てはめて議論してほしい。

これは、刑事訴訟法も同様である。

勉強するときに大事な基本姿勢・精神は、「何のために法を学ぶのか」ということである。勉強や事故防止よりも命を賭《か》けることがあるのだと啖呵を切ることも、ときに大事であるが、細やかな法律の理解が、市民や、ときとして組織や部下を守ることにつながるということへの理解が重要である。

中世の大学での学問は、医学、神学、法学から始まった。

医学というのはいうまでもなく体を病んでいる人を救う。それが医学、医者の仕事である。

精神の不安に悩み苦しんでいる人を救うのが、聖職者であり、神学である。そして、社会的な不正義、不公正に悩み苦しんでいる人を救うのが法律家であり、法学なのである。

警察は、アメリカでは法執行機関と言われている。戦後の法体系で、日本の刑事訴訟法は、アメリカ法の影響を強く受けている。ドイツやフランスの世界ではない。戦前の検事局は裁判所に所属していたが、戦後は警察も検察も司法機関ではない。検察も当然行政機関であるが、警察は行政機関で法執行機関なのである。法執行機関なのであるから、法をきっちりと学んでもらわなくては困る。マスメディアなどで、検察や捜査機関としての警察をときとして司法機関のように（例えば司法当局とか司直）と言ったりしているが、私から見ると憲法違反の解釈としか思えない。

●法制度の背景・趣旨を知る

ある小学校で子供が先生を刺したとする。

〈十二歳の子供を被疑者として令状請求できるか。〉

できないという考え方の裁判官が多数である。被害者が死亡していても司法解剖はできないと言う人もいる。凶器の刃物さえ押収してはいけないと言う人もいる。十二歳の子供による殺人は犯罪ではないからである。[※1]

では、司法解剖や凶器の押収といった捜査活動を進めていくにはどうしたらよいのか。

〈被疑者を不詳〉にすればいい。通報があっても、本当に十二歳の子供が一人で刺したかは分からない。誰かに唆されて刺したかもしれない。捜査の初期の段階では分からない。分からなければ捜査をする。当然のことである。

インチキ臭いという人がいるかもしれないが、大部分の裁判官も認めている。十二歳の少年を犯人と決めつけ、堅く考えるからできなくなるのである。

「事実は小説よりも奇なり」という。

強制処分をはじめとする捜査によって、どのような法益が侵害されるかということとも密接に関係している。

例えば、変死体[※2]が発見された場合、九十九パーセント事件ではないと思っても、一パーセントでも殺人の可能性があれば司法解剖ないし行政解剖をすべきである。他方で、疑わしい人がいた(一パーセントどころか五十パーセント犯人の可能性がある)からといって、逮捕するわけにはいかない。強制処分でも処分によって要件が相当に違う。

私は、以前「刑事訴訟法五十年と警察捜査」[※3]という論文を書いたことがある。書いた理由の一つに、「捜査という概念を、司法警察や行政警察といった分け方で考えるのはおかしい」ということがある。捜査は捜査なのである。

捜査は多くの場合、刑事訴訟法に則って行う。

交通違反の取締りは刑事訴訟法に則って行う場合もあるし、道路交通法に則って行う場合もある。少年事件にしてもそう。もちろん、捜査と捜査以外の活動の違いはある。しかし、行政活動の一端である捜査を司法警察と呼び、他の警察活動を行政警察と呼ぶのは誤解を招きやすいと思っている。できるだけこういう分け方はなくしていった方がよいと思っている。

そのあたりの歴史的な経緯をこの論文の最初に書いた。

戦前は、「検察官犯罪アリト思料スルトキハ犯人及証拠ヲ捜査スヘシ」とされており、検察官が犯罪の捜査をする。

警察は、その指揮を受け、あるいは補助として捜査する。したがって戦前の犯罪捜査の責任は検察官にあった。しかも検事局は裁判所に附置されていた。警察は虎の威を借りて捜査をしていたと言ってもいい。

戦後は、警察官が第一次的に自分の責任で捜査をすることになった。検察官とは協力関係にある。だから、通常は個々の事件について、「指揮を受けて捜査をしてはいけない」、「指揮を受けて捜査をすれば、（戦後の）新刑事訴訟法の精神に反する」ということになる。

昭和二十八年に、検察官の指示権、指揮権に係る法改正を行った際、国会で次のような決議がなされた。

> **検察官の定める一般的指示[※4]を行う場合には、検察と警察とがあらかじめ緊密に連絡し、相互に協力することを政府は建前とされたい。**
>
> **右の一般的指示により個々の事件の捜査を直接指揮しないようにされたい。**

検察官は警察の個々の事件を直接指揮しないように留意しなさい、と国会で言われているのである。

しかし、実際は違う。上司に相談するより検事に相談する方が頼りになると思っていたり、検事の指揮を受けて捜査していると思ったりしている警察官は意外に多い。

だが、それはいささか法の趣旨に反している。違反したからといって、処罰されるわけではないが、現行法の精神に違反していることは間違いない。

検事と相談したり協議したりすることはあるが、検事が個別の事件について指揮できたり、指示できたりする場合は、非常に限定されている。

捜査をするのは警察の責任

起訴するかしないかは、検事の責任

である。警察は、もっと前向きにやらないといけない。そうしないと、警察官はあまり法律を勉強しなくなってしまう。警察では、最高幹部でも法律をよく知らずに、法律好きの人を法匪《ほうひ》とけなすことがある。しかし、法匪というのは、法をよく知っている人が中途半端に知る人に使うべきであって、よく知らない人が自分より知っている人に浴びせる言葉ではあるまい。

※1　刑法四一条は、「十四歳に満たない者の行為は、罰しない」と規定する。他方、わが国では、犯罪とは「構成要件に該当する違法で有責な行為」というのが定説なので、十四歳未満の少年（刑事未成年者）が行為者であるときは、その行為は犯罪とはいえない。

※2　刑法一九二条に「変死者」、刑事訴訟法二二九条に「変死者」「変死の疑のある死体」という言葉が出てくる。若干意味を異にする、あるいは解釈に諸説があるが、ここでは「人の死体のうち、不自然な死をとげたもの又はその疑いのあるもの」といった意味である。

※3　『ジュリスト』No.一一四八、一九九九・一・一―一五合併号

※4　戦後の制度の下では、捜査に関する検察官と警察官の関係は協力関係にある（刑訴法

一九二条)。ただし、検察官は公訴官でもあるので、そうした立場から、限定された範囲ではあるが、司法警察職員たる警察官に対して一定の指示、指揮権限が認められている。そのひとつが、「捜査を適正にし、その他公訴の遂行を全うするために必要な事項に関する一般的な準則を定めることによって行う」権限で一般的指示と呼ばれる(刑訴法一九三条)。

●民事と刑事の狭間《はざま》(誤った民事不介入)

少し話はそれるが、警察や検察は、民・商事に弱いと言われることがある。もちろん、専門の部署でそういうことに強いところもある。

「民・商事に強ければ事件などいくらでもある」と言った元検事の弁護士がいた。そのとおりかもしれない。

民・商事だけでなく法にやや弱い一例を挙げると、例えば、先の神戸西事件もそうかもしれない。相手方のやくざ者に任意か強制かと言われて怯《ひる》んだのではないかと言われている。

「そんなもの、お前の出方次第だよ!」「『任意か強制か』なんか、お前にとやかく言われる筋合いはない!」くらい言えばいいのである。まあ、「お前」とは言ってはいけないのかもしれないが。「あんたにとやかく言われる筋合いはない」と言えばいいのである。

ある県警の規則に「民事問題にみだりに介入してはならない」という規定があった。

「みだりに」介入するのがいけないのか、「民事に」介入するのがいけないのか。

刑事事件や少年問題でも、みだりに介入してはいけないように思われる。みだりに介入するのがいけないはずであって、民事に介入するのがいけないわけではない。

もっとも、介入という言葉は、それ自体がしてはいけない事というイメージをもっているのかもしれない。

そういう規定があると、どういうことが起こるか。実際にあった事件である。

ある男二人がラーメン屋で亭主に因縁をつけ暴行を加えた。亭主が頭を打って倒れ、店員から一一〇番通報がされた。警察官が現場に到着したところ、男たちは病院に運ばれた亭主の息子に、殴ったことはなかったことにしろ、などと言って話し合いをしている。

警察官に対しては、「俺たちは、今示談の交渉をしているんだ。警察は、示談や民事に介入するのか」と食って掛かってきたという。

当事者の一人は、法律の一部をかじったことがあるようで、私にはその言い分が正しいものとは思えないが、「警察は民事に介入できるのか」と威張っている。

「そんなこと言われる筋合いはない。人をぶん殴ってけがをさせておいて、民事もへったくれもあるか！」と言えばいいのに、「ではよく話し合って」などといって警察官は帰ってしまったという。亭主は重傷で、報告を受けた署の幹部が怒って、後に男たちを逮捕させたという。

これまた、「民事もへったくれもあるか」と言えば、言葉遣いが悪いと後で苦情があるかもしれない。

私はいつも言っているが、例えば、殺人事件というのは、ほとんどの場合、民事事件でもあるし刑事事件でもある。詐欺事件もしかり、民事事件でもあり、損害賠償請求の対象になる。また、取り消すことができる行為として、民法九六条でも、「詐欺又は強迫による意思表示」という言葉が使われている。

「民事か刑事か」と問うことが根本的に間違っている。民事で事件になるかならないかという問いかけ、刑事で事件になるかならないかという問いかけは間違いではない。

「民事だと刑事ではない。刑事だと民事ではない」という考え方が間違っている。人をぶん殴ったら暴行、傷害という刑事事件になるし、けがをした人（けがをしなくても）は、損害賠償請求ができる。損害賠償請求事件といったら立派な民事事件である。私はこれをよく言うのであるが、どうもよく理解されていない。

民事と刑事との関係、あるいは民事不介入ということについて正しく理解されていないという典型的な事例を次に挙げる。

ある県で、暴力団がゴロ新聞を発行していた（形式的には、暴力団幹部の内縁の妻が経営者）が、自分で配らないで、大手新聞の折り込みにして配っていた。その配り方は、新聞販売店に無料や割引でやってもらっていたというものであった。

警察は、暴力団排除運動として、大手の新聞がそういうふうな新聞を折り込みにして配るのは、いかがなものかと働きかけて、販売店の業者の人たちが全店協力して断った。すると、ゴロ新聞の経営者は「我々の言論の自由を侵害するものだ」と損害賠償請求を起こしてきた。損害賠償請求の相手として、各業者と警察を選んだ。警察ということは、県を訴えてきたのである。

その時に、訴えてくるなら受けて立てばいいだけのことなのであるが、報告を聞くと、それは民事問題で警察からは働きかけをしていない。各新聞販売店が自主的に折り込みをやめるという申し入れをしたのだから、そういう意味で警察は関わりがないのだという抗弁を警察がしようとした。

私は、それは冗談ではないと言った。二十年も前の話であるが、そんなことを言っていたら、誰も暴力団排除活動をやってくれなくなる。もちろん、排除の最終的な決定権限は販売店等の契約当事者にあるわけであるが、警察が暴力団の資金源を排除したいということでお願いしていることは事実なのだ。

警察は直接の当事者ではないけれども、民間の業界団体に暴排活動をしてほしいとお願いをした。最終的な意思決定権者は業界団体であるが、警察は堂々と協力するし、一緒に戦う。そういう戦い方をしなかったら、表向きは警察を批判しないにしても、内心では警察への信頼を一気に失う。とんでもない話だと基本スタンスを変えてもらった。結果は、勝訴であった。

そして、併せて、このような損害賠償請求の話を持ち出す連中からは、ほかからもどんどん排除させようということで、パチンコ店のみかじめ料も団結して排除した。

業者の人たちは喜んで、払っていた分の半分を警察に寄付したいと言ってきたが、これは丁重にお断りをしたということがある。

今でも警察内の一部の人が、何か事が起きたら「警察は積極的に言ったわけではない。民事問題だから……」などと抗弁している。警察が民事問題に関与したって一向に構わない。関与すべきものは堂々と関与したらいい。特に暴力団が絡むような事案はそうである。

また、よく例として挙げるのは、交番で、「裁判所への道を教えてください」と聞かれて、刑事の証人出廷なら教えて、民事なら「いや警察は民事不介入だから道を教えるわけにいきません」などといった対応をするのだろうか。

そんなことしたら無茶苦茶である。民事不介入を誤解している人たちは、そこまで言い出しかねないような状況だった。

そもそも、民事だから介入してはいけないだとか、刑事だからよいとか、そのような議論がおかしいのである。

例えば、刑事事件なら何でもできるのか。殺人事件の現場近くにいたという人を、犯人かもしれないという理由だけで逮捕することができるのか。できるわけはない。つまり、もともと刑事事件だから（というだけの理由で）逮捕できるのではない。刑事事件であり、しかも刑事訴訟法に則った要件が満たされるから逮捕できるのである。

殺人事件の大部分は刑事事件でもあり、民事事件でもある。民事上、殺人は典型的な不法行為（民法第七〇九条～第七一一条）である。損害賠償請求しても、被告人に支払能力がないから請求しないことが多いだけである。

だから、殺人事件も刑事事件であり民事事件であると、正しく理解しなければならない。

十二歳の子供が人を殺したら、これは厳密にいえば刑事事件ではない。しかし、共犯がいるかもしれない場合は犯罪の可能性がある。可能性があれば捜査をする。

犯罪である可能性があって捜査してみた結果、犯罪でなかったということは、いくらでもある。だから、当然捜査はできるのである。

警察は、刑事にも民事にも「みだりに介入」してはいけない、「正しく介入」しなければいけないのである。

●令状請求の却下は〝ノープロブレム〟

昔、ある県でこういうことがあった。連続放火事件の容疑者を逮捕するかどうか、検察官と打ち合わせをしている警察官が、その検察官に、

「もっと捜査してもらわないと起訴できない。まだ、逮捕を控えてくれ。もっと詰めてやってくれ」

と言われながらも、

「いや、我々はこれだけ連続して発生している状況を看過できない。これだけ容疑があって、ほったらかしにしておくことはできない。逮捕する権限は警察にあるので令状請求させてもらいたい」

と、啖呵《たんか》を切って裁判所に行った。すると裁判官が、

「これではまだ証拠不十分じゃないですか」

と言って、請求を却下しそうになったので、警察官が請求を取り下げてきたというのである。[※1]

上司としてこの報告を聞いた私は、報告してきた警察官に言った。

「もう一度裁判所に請求しに行ってほしい。そして却下してもらってください。構わないから。なんで取り下げて帰って来るのか、検察官にそこまで啖呵を切っておいて。却下されてもいいじゃないか。その代わりに、それが真犯人だったら、もう一件くらい火をつけられるかもしれない。火をつけられた時に現行犯なり緊急逮捕すればいい。逮捕したなら、検事なり裁判官に『もう一件火をつけてもらったおかげで、前に令状請求した時よりもずっと重い刑が科せられると思います。ありがとうございます』と、それぐらいの啖呵を切ればいい」

もちろん、もう一件くらい火をつけられてもいいというのは本心ではないが、そのくらいの気概をもって令状請求なり、警察としての仕事をしてほしい。それが本来の在り方だと思う。

そして、裁判官は別の考え方で令状請求を却下すればいい。立場が違うのだから。警察官も裁判官もいつも同じ判断をするなら裁判官などいらない。全部有罪になるなら裁判官などいらない、と私は思っている。

令状請求を却下してもらうために、裁判所に行くわけではないが、ときには却下されることがあってもいい。それが健全性の証《あかし》なのである。逮捕状の請求却下などというのは、警察にとっては何もマイナスではない。犯人でなければ裁判官に助けられたわけだし、真犯人なら裁判官の責任である。その代わり「令状請求却下の件数が多くなった。警察はしっかりと捜査をしていないのではないか」などと批判されるかもしれない。しかし、批判には堂々と答えるだけの仕事をすればいい。きちんとその理由を説明すればいいのである。

※1　司法統計年報には、令状事件の結果区分として、発付、却下、取下げ（撤回）の三つがある。却下と取下げは似たようなものであるが、却下は裁判官の明確な処分、取下げは、裁判官を説得できないのではないかと考えた請求者側が撤回するもの。

●警察官と裁判官の立場

私はかつて、判例批評みたいなものも書いたことがある。そのとき次のように感じた。裁判官は、現場で警察官が、こうやって触った、有形力を行使したなどと言って、それが違法だ適法だとかは、三年も五年もかかって判断すればいい。しかし、こっち（警察）は現場で、即座に（少し時間をかけることもあるが）判断しているのだ。三年も五年も考えた末にやっと違法か適法かの結論が出るようなことを、現場で体を張っている警察官に「その捜査は違法かもしれないからやめろ」なんて、それでは日本の治安、善良な国民の平穏な生活はどうなるのだ。

例えば、「なんだよ。任意か強制か。そんなもん出す必要はない」という人間に、

「そうですか、任意だからしょうがないな」

と引き下がる。

また、あるケースでは、

「ポケットの中の物を出してみろ」

と言うと素直に出した。覚せい剤やナイフが出てくる。逮捕して処罰される。

また、他のケースでは、さんざん苦労して、ポケットに手を入れる。覚せい剤が出てきた。「この捜査は違法だ」

あるいは同様のケースで、出てきた物がけん銃だった。けん銃だったら警察官の身を守らなくてはいけないから、「その捜査は適法だ」と裁判官は言ってくれる。

しかし、出てきた物が覚せい剤の場合、捜査手続は違法な場合もあるかもしれないが、証拠能力まで否定されたら警察官は何も仕事ができなくなる。あるいは、しなくなる。それが不作為による権力の濫用につながる。

「弱い犯罪者には強い警察」、「強い犯罪者には弱い警察」が出来上がる。強いものに弱いのは世の常だとしても、そんな警察を誰が信頼するのであろう。

裁判官は裁判官の立場があるから構わない。でも、我々はそれではいけないときもある。警察においても、上層部の指導の悪い面がある。何かあれば、裁判官の眼でみろとか弁護士の眼でみろとか。そんな必要はない。我々は警察官なのだから警察官の眼でみればいい。正しい警察官の眼で。

ただし、裁判官はこう考えるだろうなとか検察官だったらこうだろうな、弁護士だったらこう考えるだろうなということは念頭に置くべきであろう。

しかし、警察官は、警察官の立場と気持ちで仕事をする。その根本を忘れ去って、裁判官の気持ちを持てなどと言うから、話がおかしくなってしまう。

それが表れるのが、「疑わしきは被告人の利益に」[※1]である。

それはそのとおりである。

裁判官は、「疑わしきは被告人の利益に」だから無罪にする。

他方、警察官は、疑わしきは疑わしいから捜査するのである。

それをどこかで勘違いして、「疑わしいだけだったら捜査できない。事件になるかならないか分からないうちは警察は動けない」などと、そのようなおかしな話、刑事訴訟法のどこにも書いてない。

※1　刑事訴訟において、検察官が有罪の立証責任を負い、裁判所が有罪の確証を得られなかったという場合には被告人に有利に判定を下すという原則。無罪の推定もほぼ同じ。

●誇るべき警察官

警察にいろいろけちをつけた。しかし、立派な警察官、誇るべき警察官がたくさんいることも間違いない。だからこそ、警察官を続けてきた。

三十年近く前、長野県警で捜査第二課長をやっていたとき、暴力犯係も持っていた。上《かみ》山田《やまだ》というところで暴力団の対立抗争があり、暴力犯係のある刑事が一方の組事務所に行った。一人でである。

すると、抗争の相手方が事務所に乗り込んでくるところであった。その時、警察手帳を出して、「警察だ」と言って、一人で一気に四、五人を止めた。立派である。そのような対応ができるのであれば検挙しなくても本部長賞を出してもよい。

最近は、「そんなこと一人でやってはいけない。警察官が集まるのを待って、それまで陰で隠れていて態勢が整ってから行くべきだ。だから、むしろ事故防止の観点から監察的に言えば、それは表彰問題ではなくて、始末書ものだ」などと平気で言う幹部がいる。冗談はやめてほしい。

そういう局面が、警察官をやっていたら、二十年か三十年に一回くらいはあるのだという気持ちで、仕事に取り組むことが大切である。

だから、できる人で、しかも、よくやる人の負担がかなり重くなっている。

勤務経験のある新宿署、池袋署、神田《かんだ》署でもそうであった。

新宿署では、夜も寝ずに仕事をするのは当たり前だった。銀行強盗の一報を受けて単身現場に向かって凶弾に倒れた警察官もいる。池袋署の盗犯係長は、癌に冒された体で泣き言ひとつ言わずに働き続け、ついに倒れた。神田署では、毎日、管内の交番を回って前日の扱いに関する生の情報を確認してから出勤する刑事課長代理がいた。

兵庫県警でも、三宮《さんのみや》駅でけん銃を発砲した男を男女二人の警察官が取り押さえた事件があった。若い二人であり、必死であっただろう。

その男性警察官のズボンのポケットにけん銃弾による穴が空いていた。一歩間違ったら大けがである。

自動車警ら隊の隊員が、海へ飛び込んで人命救助をしたこともあった。

すると、誰かが、「それは少し待てば浮かび上がった」とか、「本人も何かにつかまっていたからすぐには溺《おぼ》れない」だとか、「慌てて飛び込まずに、浮き輪か何かを投げ入れたほうがいいから、あまりほめるべきではない」などと言う。

それは違う。自分の身を挺《てい》してまで飛び込んだのである。自分自身に立場を置き換えてほしい。自分だったら飛び込めたのかと。そういう重さを考えてもらいたい。

●事故防止強調（自己目的化）の弊害

私は、現職のころ、部下の皆さんには申し訳なかったかもしれないが、「『事故防止、事故防止』って、あまり言わないでほしい」と言っていた。

何か事件があると、「事故防止に留意して現場に向かってくれ」といった指示。暴行、傷害事件があると「受傷事故防止に十分配意して現場に行け」、強盗があっても「受傷事故防止に配意して現場に行け」と指示する。このようなものは、指示でも何でもない。事故防止が目的ではないのだ。そういう指示をしないで、受傷事故があった場合には、指示をしなかった者も処分するという。本当にそれでいいのだろうか。

例えば、現場に行く時、

「近くの移動（パトカー）はまず向かえ、遠くからの○○という移動は、必ずしも慌てて飛んで行かなくてもいい。もうすでに何台も現場に着いているから。

そちらの方向からの不審車両あるいは、不審者がいないか、十分に注意しながら向かえ。

なお、その際には受傷事故防止に留意されたい」

ならまだ分かる。

事案、事案に応じて「○○に注意しろ」。これが警察の基本であろう。それを何でもかんでも事故防止、事故防止とはおかしい。「受傷事故は最大の不祥事」などと言う幹部まで出てくる。

それだったら、いっそ反対方向に行った方がいい。現場に行かない方がいい。「まず、耐刃防護衣を取りに行きます」なんてなりかねない。

神戸西の事件の現場は、A交番の約六十メートル先である。私は自分の足で歩いた。裏手だから回って行かなければ行けないが、現場まで私の足で百十歩である。受傷事故防止のために、パトカー、その他が着くまで行くなと言っているように思われかねない。

「何とか五分頑張れば、すぐ応援が行くから」とそういった指示があってもよいのではないか。

そんなこと言えば、酷だと言われるかもしれないが、そのためにけん銃や警棒を持っている。

もっとも、かつてはそれらを使うと警察はすぐ批判を受けた。最近でも、ピッキングの犯人の外国人を職務質問したら抵抗され、相手が逃げようとしたのでけん銃で撃ってけがをさせたというので損害賠償金を支払え、と命じた裁判官がいた。さすがに高裁で逆転したが。

そういう裁判官がいたり、世論があったりするから、「任意なのか、強制なのか」とやくざ者に怒鳴られて、うまい対応ができない。そんなこと、言われる筋合いはないのだ。そのときすでに四人なり六人の警察官がいたのであるからなおさらである。

この点、警視庁の体制は充実している。警視庁の警察官は一人でも事件現場に飛び込んでいく警察官が多い。その最大の理由は、近くに仲間の警察官がいて、すぐに応援に来てくれるという信頼感にある。警察官の少ない県にとってはうらやましい。

●こころの時代

「切れた糸をつなぐのは難しい。その難しさを知る者が結ばれたものの大切さを知る」という言葉がある。最近、人と人との絆《きずな》が細くなり、切れかかっているのではないか、という人が多くなった気がする。他方で、「こころの時代」とか「こころを大切に」と意識的に感じる人も増えている。

あまり目を向けられていないが、実は、桶川事件や明石《あかし》歩道橋事故に登場する警察官同士のつながり、あるいは上司、部下の関係に何ともいえない寒々しさ、冷たさを感じたことがある。そうしたことが、大きな事故の背景にあるというのは、考えすぎであろうか。

●判断力・執行力強化のための施策

さて今まで、判断力や執行力について問題があると書いた。しかし、これらはすぐには身に付かない。

では、当面どうするか。組織としての判断力や執行力を過信せず、それらが必ずしも強くないことを前提とした対応をすべきである。

例えば、現場の執行力・判断力が弱いと思えば、本部の通信指令室（課）、自動車警ら隊、機動捜査隊などが、弱さを補う動きをしなければならない。そのために具体的に仕事の仕方を変えていかなければいけない。

情報の共有が不十分であれば、具体的に何をするということを自分たちで考えなければいけない。実力もないのにプライドが強いと、一部の者だけでこそこそ連絡して判断を誤る。携帯電話が発達して警察官もよく現場で使っているようだが、あれは気を付けなければいけない。情報が一部に偏るからである。

●警察の基本は泥棒とマルボウ

「警察の基本は泥棒とマルボウ」というのも、私のよく使った言葉である。

署員に言うのは、「まず基本の三つだ。他のことをごちゃごちゃ言ったって分からない。署員にあらゆる法令を活用して何かやれとかではない。要するに警察署という現場にとって一番大事なのは『泥棒、マル暴、ゲバ棒』なんだ。そこをまずきちっとやらせる、他のものは二の次だ」

千葉県警に在職中、私はある立派な警視正の署長から教えられた。

そのころは、泥棒、マル暴、ゲバ棒と言われた。ゲバ棒は今ではだいぶ薄れた。その代わり、今はテロには十分な注意が必要である。

交通業過を除く全刑法犯認知件数に占める窃盗犯の割合は、年によっても違うが、七十六パーセント（一九六二年、二〇〇五年）から八十九パーセント（一九八九年）の間で推移している。最近は暴力団や外国人による組織窃盗も国民に多大な不安を与えている。

犯罪捜査は窃盗に始まって窃盗に終わるとも言われる。窃盗犯捜査に強い警察は、いざという大事件の発生に際しても頼りになるはずである。

また、様々な事件をみていると、わが国の善良な国民は脅しや騙《だま》しに脆弱《ぜいじゃく》である。暴力団あるいはその周辺者は、脅しと騙しを統合させてより大きな脅威となっている。せめて、そうした暴力を背景とする者に対して強い警察であってほしいと多くの国民が願っている。

もちろんほかの職務も重要であるから、はき違えないでほしい。

例えば、交通死亡事故の抑止も大事である。センスのいい人で交通担当であったら、「マル暴の暴は死亡事故の亡も含んでいるのだ」と自身がもし交通課長なら課員にそう指示してよい。

あわせて、今は防犯課とは呼称しないが、生活安全課であれば、「あのマル暴の暴は、うちの課では防犯の防だ」とそういう応用力を利かした指示なり、指導をしてほしい。そういうセンスを働かせてほしい。

Ⅱ　現場の話

●調べの心証と踏み込みのタイミング

三十年以上前、新米の捜査係長当時は失敗の連続だったような気がする。一つは確か窃盗被疑者であったが、調べてみると完全否認。詳しい中身は忘れてしまったが、弁解がもっともであり、シロではないかとの印象をもったが、ベテラン部長刑事が調べると、あっという間に自供した。

素人とベテラン、あるいは能力のある者とない者との違いをまざまざと見せつけられる経験であった。

二つ目は、ある女性がヤクザ風の男に脅かされて、喫茶店に金を持ってくるように要求された事件があった。私と部長刑事の二人が店の出入口で張り込み、頃合いをみて踏み込む段取りであった。

こちらは被害者があまり脅かされてからでは気の毒という気がして早く踏み込もうとするが、部長刑事は悠然たるものであった。それでも、私がせかしすぎたので、結果的には早すぎる踏み込みとなった。

突然相手が立ち上がって逃げたため、数百メートル追いかけて逮捕した。勾留《こうりゅう》はついたが、脅しの文言が十分ではないということで処分保留であった。ただし、被害は未然に防止されたということになろうか。

●新米刑事の教育……徹夜のよう撃

ある署の刑事官当時、事務所荒らしや空き巣が頻発したが、検挙率は二十パーセント（今なら普通？）であった。盗犯捜査を生きがいとするベテラン部長と、私を含めて新米刑事五人とが、三組を作って徹夜でよう撃捜査をした。

それなりに発生分析をしたつもりであったが、私の組は成果がなく、張り込みと移動の繰り返しでくたくたになって署にあがった。一番若い組は予定時間を一時間以上オーバーしても帰ってこない。心配になったが、やがて工事現場荒らしの現行犯人を連れて帰ってきた。二人のうれしそうな顔が今でも忘れられない。

●犯人を捜すより犯人を知り得る人を捜す

【強盗強姦《ごうかん》・強盗殺人事件〜事実は小説よりも奇なり、聞き込みの難しさ〜】

この事件は、もう三十年も前のものである。農道上の自動車内でアベックが襲われ、運転席の男性が鋭い刃物で胸を刺されて死亡し、その隣で女性が強姦された。その上、男性と女性から財布を奪ったという事件である。

犯行後、犯人が、現場から約一キロメートル（歩いて十分か二十分）のところにある被害者の女性の自宅まで送っていった。女性は犯人から解放された後、家に飛び込んで一一〇番通報し、事件が認知された。

警察は捜査をしたが、当初は犯人が全然分からない。

犯人は、被害者を送っていく途中に「お前、名前なんていう」とか「どこに勤めている」と聞いていた。聞いたことを紙にメモをする。メモをする場所が農業用水の流れているところで、明かりもついていた。後に被害者の話によると、「その時に思い切って突き飛ばしてしまえば、犯人に逃げられずにすんだ」と悔しがっていた。

強姦事件の犯人は時々、被害者を一定の場所まで送っていくことがある。しかし、人を殺した上、家まで送っていくというのは考えにくい。非常に珍しいケースである。強盗殺人でそんなことが考えられるのか。

また、農道の暗いところで、被害者の男女が二人でいるというのは、何のためか。いろいろと語り合うためというのだが、普通の人は語り合うだけとは思わない。そうすると、そんな場合にドアロックをしていないというのは不自然ではないかと感じる。

　被害者の身辺を確認すると、殺された男性には妻子があった。つまり、この女性とは不倫の関係であった。女性は離婚したばかりとのことであった。

　そういう関係だったので、三角関係のもつれとか人間関係に複雑なものがあるのではないかと考えられる。その女性が怪しいのではないか。三角関係ないし四角関係で誰かがやったのではないかという意見が強かった。捜査本部内でもかなり強かった。

　私は当時鑑識担当だった。現場検証では、被害者二人のものとは違った同じ足跡が車のシートと路上から発見された。その足跡が採れている。ただし、路上の足跡は一方向だけ。車から離れる方向への足跡だけが採れている。車に向かってくる足跡は採れていない。

　採れない理由は分からなかった。別の道から来たのかもしれない。来る時には車に同乗していたということも、あり得ないわけではない。濡《ぬ》れ具合が大きかった場所があったり、乾いていたりしていたという道の状態に影響されたのかもしれない。あるいは、現場に行った警察官によって現場が破壊されていたかもしれない。

　県警本部長も「その女が怪しい」という。本部長というのはうかつに誰が怪しいと言ってはいけない。しかし、本部長も女が怪しいのではないかと言う。「調べ方が甘いのではないか。ポリグラフをかけろ」とも言っていた。

私は、ポリグラフは難しいのではないかと思った。なぜなら、犯行の状況に関する情報の大部分は被害者の女性から得ているし、すでに数日間の調べで彼女は捜査官から多くの情報を得ているのであるから、その女性は話をみんな知っている。そういう人物にポリグラフをかける場合、質問を作るのが大変難しい。警察より現場の状況をよく知っていても怪しくない人物なのだから。

私は、その女性ないしその周辺の者は疑わしくないというか、〝シロ〟という方の意見であった。しかし、皆は納得しないだろうから、刑事部長とも話して、「一番強行に〝クロ〟と言っている刑事に調べをさせたらいいのではないか」と言った。

その取調官も何日か取り調べた結果、心証は〝シロ〟だということになった。

捜査は、早いうちにある程度の方向性を示した方がよい場合がある。捜査員にいつまでもこのような先入観が残ったままでいると、聞き込みに行っても身が入らない。

聞き込みの対象者も、報道などの影響で女性に疑いを向けている。警察が名前を出さなくても、誰がそういう被害に遭っているとか、あれは、あの女を調べればすぐ犯人が分かるとか、近所の人は知っているものである。警察官の聞き込みに対しても先入観が先走る。本当に見た情報などが入りにくくなる。

そういう意味で、マスコミの力は非常に強い。周囲の人にそういう印象を与えてしまうのである。

私が〝シロ〟だと思った理由の一つは、結構頭のいい女性だったということにある。そういう人が嘘をつくときというのは、もっともらしい嘘をつくのではないのかということである。

話を作っているなら、いかにも自然なようで不自然、本当の話であれば一見不自然なところに自然さがあるものであろう。もっともこれは心証である。私は取調べのプロではないから、はっきりとしたことはいえない。この事件については、そういう印象だった。

それから、犯人が身近にいる場合には、捜査は少々手間取ってもいい。遅いと言われても多くの場合、やがて犯人にたどり着く。流し（行きずりの犯罪）だとそうは行かない。周辺からの聞き込み、情報収集を深く、広く、迅速にやらないと、鮮度が急速に落ちる。

結果はどうだったかというと、全く関係ない人間、横浜の人間が犯人であった。横浜の理髪店の見習いの男であり、その男は親方とけんかをして、はさみ一丁、かみそり一本を持って飛び出して夜行列車に乗り、翌朝、現場のある街に着いた。

その日のうちに、どこか勤め先はないかと、ある警備会社に面接に行っている。その時には犯行に及ぶ気はないから、本名で履歴書を書いていた。その警備会社では、身元引受人がいないということで断られていた。

その後、ふらふらとして、夜になって現場へ行ったら、車の中にアベックが見えて、それで「金を取るため、殺してしまえ」と思って殺した。犯行後、そのまま大阪へ逃げたというものだった。

なぜ、犯人が分かったのかというと、その警備会社に聞き込みに行って情報を得たからである。事件から一年後、

「実は気になっていたが、あの事件が起きた日の午前中に職がないかと来た人がいる。しかし、間違えていてはいけないと思って黙っていました。疑わしいというわけではないけれども、気になっていたのです。だから、履歴書を処分しないでずっと持っていたのです」

ということを、その警備会社に三度目に行った捜査員が聞き込んできた。

それで、調べていくと、ぴったり。最後の決め手となったのは、靴である。犯行の時に履いていた靴がまだ処分されていなかった。

その警備会社は、現場からそれほど遠くない、せいぜい一～二キロメートルの場所にある。聞き込みに行っても、「女性が怪しい」という先入観があったらダメである。「怪しい人がいなかったか」と聞いても言ってくれない。

「そんなこと言って、その人に迷惑をかけてはいけない」と思うのである。三十年前でそ

うであるから、今であればなおさらにそうであろう。だから、通り一遍の聞き込みではよい情報は出てこない。

これらのことから、事件によっては犯人を捜すよりも犯人について知っている人を捜す方が大切ということがいえる。この時のポイントは、この警備会社を捜すことだったのである。

最初から「怪しい人はいませんか」と言っても、そんなもの簡単に出てこない。だから、定時通行者への聞き込みも、犯人を見つけるためではなく、犯人に関する情報を持っている人を捜すために行うのである。はじめから「犯人、犯人」なんて欲張っていると、かえってダメなのである。

【連続強姦殺人事件】

事件は、ある県のK市とA市で起きた。強姦された上、殺され、裸で遺棄された事件が二件続いた。

K市で起きた一件目の事件の犯人はなかなか捕まらなかった。捕まらないまま、一年半後、同様の事件が隣のA市で発生した。

二件目は、早朝の路上で若い女性の全裸死体が見つかった。A市からフェリーに乗る人が朝のかなり早い時間、午前四時か五時くらいの時間に、女性が死んでいるのを見つけた。

その前にシャッターが下りる音を聞いていた。それが決め手になった。死体を見つけて「わあ、これは大変だ」と思っていたら、シャッターを開けて出て来た奴がいた。

その男は、第一発見者に「なにかあったんですか」と聞いた。そして、「女性が死んでいる」「すぐ一一〇番しなければ」などと言って、立ち去ってしまったという。そういう話を聞き込んだことから、その男が怪しいということになり、調べたところ犯人であった。

前の日に道路を歩いていて、女性をデートに誘い、無理に引き連れたのではなくて、どこかの店に行って、それから「自分の勤めている店があるから行こう」などと言って、閉店後の居酒屋に連れていき、強姦《ごうかん》しようとしたら、相手に抵抗されたので殺した、というものであった。

この二件目の事件は、早期に解決できたが、問題は一件目の事件である。そして実は、この男が一件目の事件の犯人でもあったのである。何を言いたいのかというと、一件目の事件現場と、この男の家が近かったということである。二件目の事件の後、調べて分かったのであるが、男は一件目の事件の時、事件前に一人で飲み屋に行って酒を飲んでいる。仕事が終わった後に飲み屋で一杯飲んで、犯行を実行し、家に帰った。

事件が起きた次の日に、前日に路上でこういう殺人事件があったとニュースになった。

その時に、その飲み屋の店員らは、「あれ、昨日来ていたお客さんは、その事件の直前くらいに来ていたのと違うかな。あの人、おかしいかもしれないね」などと、店で話していたそうである。

また、事件現場の近くに住む犯人の妻も、「ウチの亭主だったらやりかねない」と感じていた。夫婦関係があまりうまくいっていなかったようで、一件目の事件の時は夫婦であったが、二件目の事件の時には既に離婚していた。一件目の事件の後に「昨日の事件はウチの亭主の仕業かもしれない」と思っている。

いずれも、現場の近所であるから聞き込みに行っていたはずである。しかし、結局、これらの情報は取れなかった。

二件目で男を捕まえて、裏付け捜査でその飲み屋に行くと、「一件目の事件の前に、お客さんとして確かに来ていました。その時に店でも、ちょっと話題になっていました」

ということであった。

もっと早く言ってくれればいいなどと、捜査する側からすれば思うが、なかなか言ってくれないものである。妻も言ってくれない。そういう時に警察は、どうしても犯人を捜そう捜そうという気持ちが、上滑りな捜査になってマイナスの結果を生むことがあるのかもしれない。

意外と近くに犯人を知る者、知り得る者がいるのである。

前述した強盗強姦・強盗殺人事件でも、今度の事件の場合も、犯人を知る者が比較的近くにいたのである。しかし、なかなかそこを捜し出せない。それが現実である。

だから、むしろ意識としては、逆説的な表現で言うと、「犯人を捜すな」と言いたくなることがある。「怪しい人は誰か」と聞いてはいけない。「通行人はいたか」から聞き込みを始めなくてはいけないのである。

近所の店だって、「昨日、お客さんがいたのか、いなかったのか」から聞き始めないといけない。「昨日、怪しいお客さんがいませんでしたか」ではダメなのだ。

そして、やはり粘りが必要である。言わなくても分かっているであろうが、ついつい、聞き込みに行っている刑事は、「他のところではないのかなあ」、「もっと取調べの担当がうまくやってくれれば、そっち（取調べ）で出てくるのではないか」「俺は、ここに三回も行っているのだから、ここにはないよ」などと思いがちであるが、意外と近くにネタがある。

【マラソン選手の受難】

それからこんな事件もあった。ある日、マラソンのオリンピック候補が練習中、「お前はオリンピックにいかせない」と、突然見知らぬ男に殴られた。

極秘捜査を担当した捜査幹部が、まずしたことは何か。

一旦《いったん》事情聴取をした後に再度本人に連絡して「練習中出会う人で、あなたが知っている人はいませんか」と聞いた。「理容店の女性がいつも走っています」という答え。

夜遅くなっていたが、その理容店に電話をして「今朝、走っていて出会った人はいませんか」と聞くと、「ちょっと変わった人がいました。何か新聞で見たことのある人です」と言って、翌日にはその新聞を探し出してくれた。

オリンピック候補選手に見せると、その男が犯人だとすぐに分かって事件は解決した。

捜査幹部に聞くと「自分はジョギングをしているが、ジョギングの最中に出会う人はだいたい決まっている」とのことであった。

その捜査幹部の上司は、何故こんなに早く犯人が割れたのか、不思議でならなかったという。

Ⅲ　科学捜査の進歩

●画期的な科学捜査

「二〇世紀における犯罪捜査の歴史は科学捜査の歴史であり、それは同時に拷問からの解放の歴史であった」というのは私の好きなフレーズである。

戦後の科学捜査の歴史を振り返ると、画期的なものがいくつかある。

一つは、指紋自動識別。これは大きな力を発揮している。

二つは、自動車ナンバー自動読取システム（Nシステム）。これも捜査上の大きな武器である。

三つは、DNA型鑑定。

四つは、掌紋自動識別システム。

掌紋は紋様が複雑すぎる、大きすぎるなどとして、長い間、その自動識別は無理だと言われてきた。コンピュータ技術が大きく発達したことから、これが可能となった。

次は、どれだけ標本として機械に入れ込むかと、どれだけ遺留掌紋を採取するかである。

警察はその職務の性質上どうしても「犯人を捕まえる」ということに考えが向く。しかし、ときには疑わしいけれども犯人ではないという人もいる。犯人を見付けることも大事であるが、「〝白くする〟捜査」というのも重要だと私は思っている。そういう意味でも科学捜査は大きな役割を果たしてきた。

指紋や血液型の発見によって無実の罪から救われた人たちも多くいた。日本で、指紋が最初に使われたのも、無実の証明という形であった。

DNA型の鑑定にもそういう面がある。アメリカでは、二〇一〇年十月二七日現在二六一人の有罪確定者がDNA型鑑定によって無実とされ、刑務所から釈放されている。陪審員制度のもとでは、冤罪《えんざい》事件が少ないということでは決してない。

日本でも、数年前、三件の強姦事件で起訴された被告人が、公判で二件については認めながら、一件については、捜査段階では認めていたにもかかわらず、否認した。県警の科学捜査研究所（科捜研）で、犯人が残したとみられる精液斑《はん》と被告人の血液のDNA型鑑定を行ったところ、型が異なることから一件については無実であることが証明された。

私は特別捜査幹部研修所（特捜研）の所長をしていたことがあるが、その際、研修生がまとめたDNA型鑑定の資料には、この事案の紹介がなかった。こういう事案は、紹介するべきである。

実際に書いた人たちは「これは捜査上の手落ちです」、つまり「早くやっていれば自供と情況証拠だけでは起訴しなかった。起訴してから分かったから手落ちだ」。だから、出したくないということであった。このような態度は問題である。

新しい鑑定方法が普及し始めた時には、こういうことも起きる。手落ちの面もあるが、捜査段階では、ＤＮＡ型鑑定はまだ十分普及していなかったのだから、やむを得ない面もある。

むしろ捜査に手落ちがあっても、科捜研で検査した結果は、無実になっても公判にきちっと出しているということを示した方が警察の信用が上がる。また、失敗のほうが成功より教訓が多いというのが私の考えである。

日本において事件の鑑定というのは、都道府県警察の科捜研の人とか科警研（警察庁科学警察研究所）の人とか、警察職員が行うことが多い。もちろん、大学等の外部の人にお願いして行う場合もある。

世間には、警察職員による鑑定の公正さを疑っている人や学者もいる。

「同じ警察の人間だから、有罪になる証拠は出すけれども、無罪になる証拠は隠すのではないか。あっても出さないのではないか」

と思っている人がかなりいる。

私の尊敬している、ある大学の刑事手続法の大家といわれる先生とお話ししたが、そのような大先生であっても、

「DNA型鑑定などは、無罪や無実の時には警察は出さないでしょう」

と言うのである。

「いや、そんなことありません。現実に提供して、無罪や無実の証明をしています」

と説明したことがある。

だから、科捜研等での鑑定結果は、警察に有利なものであれ、不利なものであれ、こういった形で公表していくのは大切なのである。

裁判所、裁判官も人によっては、案外、権威主義的である。だから、有名な教授の鑑定だと信用してくれる。それが後に間違ったことがあってもそちらに下駄を預けることができるからである。

血液型の鑑定とか、骨の鑑定について言えば、科警研や科捜研のしかるべき人の経験、能力、技術は大学教授よりもずっと上だと私は思っている。

しかし、信用性の面では、○○大学教授と言った方がもっともらしく聞こえる。これは残念なことである。

●DNA型鑑定〜鑑定技術の進歩を捜査に活かす〜

平成十七年十月十四日の朝刊を開くと、「DNA鑑定、時効直前逮捕」「90年の殺人　警視庁　再捜査で一致」「精度向上　DNA鑑定決め手」といった記事が目に飛び込んでくる。

そのうちの一紙は、過去の鑑定について次のように説明している。

「事件がおきた90年は、DNA型鑑定が導入された翌年。……その後、15年の間の鑑定技術の向上はめざましかった。……DNA型鑑定を巡っては栃木県足利市で90年[※1]、保育園児が殺害された事件で、最高裁が00年、証拠能力を認める初の判断を示した。一方、大分市の短大生殺害事件では、福岡高裁が95年、DNA型鑑定の信用性を退ける判決を出している」（『朝日新聞』二〇〇五・一〇・一四）

最高裁判決のもととなった鑑定は、科警研において行われたもの、福岡高裁のそれは、大分みどり荘事件と呼ばれる事件で、控訴審の裁判官が某大学教授に委嘱した鑑定である。

当時、関心があって後者の鑑定書の写しを読ませてもらったが、よく言えば、大胆にして冒険的、普通に言えば、杜撰《ずさん》でお粗末なものであった。第二十四回公判で、鑑定人自ら鑑定は「未熟で破たんしている」と証言したと言われている（天笠啓祐ほか『DNA鑑定――科学の名による冤罪』緑風出版、一九九六、一一四頁）。

現在行われている方法は、当時とはずいぶん違ってきているが、そのことを知っている人は意外と少ない。「DNA型鑑定＝DNA＝遺伝子の本体＝生命の設計図」あるいは「DNAに関連したノーベル賞受賞者は多い＝DNA型鑑定は難しい」といったイメージから、本当は血液型の話のほうがずっと難しいのに、はじめから、DNA型鑑定に関する知識を敬遠している捜査員も多いのではないかと心配している。※2

事件当時は技術的には解明できないようなことであっても、時間の経過、技術の発展により、解明できることがあるということを肝に銘じなければ適切な捜査はできない。

もっとも、二〇一〇年現在、アメリカやイギリスでは、それぞれ約八三〇万人分、五六〇万人分のDNAデータベースが蓄積されている。

かつて慎重と言われたドイツでも七十万人分のデータベースがある。また、特に重大な犯罪の捜査のためには特定地域の住民全員を対象として行うDNA型一斉調査の手続も定められた。

これに対し、わが国のデータベースは十万人分に過ぎない。ときどき目覚ましい成果が報道されてはいるが、残念ながらわが国は、中国や韓国にも後れをとり、DNA型鑑定の活用や、その前提となる法整備の後進国になりつつある。

まだまだわが国の治安が良いということであろうか。

※1　新聞記事にある足利市の事件は、いったん無期懲役の判決が確定したのち、再審で無罪となったので、少し専門的であるが、その経緯を説明しておく。事件の発生は、平成二年五月。当時四歳の女の子が足利市内のパチンコ店付近で行方不明となり、その翌日の朝、同市内の渡良瀬川河川敷において、全裸姿の遺体で発見された。栃木県警察は容疑者の一人としてS氏を把握した。S氏に対する身辺捜査を行った結果、遺体発見現場付近で押収した女の子の下着に付着していた精液のDNA型や血液型がS氏のものと一致するなどの証拠を得たことから、事件発生から約一年半経過した平成三年十二月一日、S氏を任意同行の上、取調べを行い、自供を得て、翌二日、殺人、死体遺棄罪で逮捕した。

その後、S氏は、わいせつ誘拐、殺人、死体遺棄罪で起訴された。S氏は、第一回公判の罪状認否以来、自白を維持していたが、第六回公判に実施された被告人質問において、犯行を全面的に否認した。しかし、第七回公判で再び自白に転じ、第九回公判における最終陳述まで自白を維持し、弁論が終結した。判決予定の第十回公判において、弁護人の請求に基づき弁論が再開され、S氏は再度犯行を全面的に否認した。以上の経過を経て、第十一回公判で、DNA型鑑定の証拠能力、自白の信用性等が認められ、無期懲役の第一審の判決が言い渡された。高裁で控訴が棄却され、最高裁でも上告が棄却されて、平成十二年七月、無期懲役が確定した。記事にある「証拠能力を認める初の判断」というのは、この時の上告審の判断である。

この当時、科警研で行われたDNA型鑑定は、MCT118型検査法といわれる方法で、この検査法と、血液型検査のABO式とルイス式の検査を併用した結果、下着に付着した精液とS氏の型は同型であり、その型を持つ日本人における出現頻度は、〇・一二四四パーセント（千人中一・二人程度。鑑定時のDNA型の出現頻度は日本人一九〇人のデータから算出されていたが、その後日本人九五七人のデータから算出したものを用いると千人中五・四人程度と算出されることとなった）であると鑑定された。この出現頻度は、当時主流であった血液型鑑定と比較すれば極めて低いものであるが、個人識別上絶対的といえるものではない。

その後、DNA型鑑定の技術は目覚ましい進歩を遂げ、日本警察では、平成十五年八月には、フラグメントアナライザーと呼ばれる自動分析装置を用いた九座位によるSTR型検査法を導入し、さらに、十八年十一月には検査対象を一五座位に増加させている。これらの方法によって、現在では、より古くて、より少ない資料から、当時とは比較にならないほど高い精度の個人識別が可能になっている。ちなみに、九座位の検査法では、日本人で最も出現頻度の高いＤＮＡ型の組合せの場合で、約千百万人に一人という確率で個人識別が可能となり、一五座位の検査法では、四兆七十億人に一人という確率で個人識別を行うことが可能になったと言われている。

このようなＤＮＡ型鑑定技術の進歩を背景として、足利事件では、弁護人の再審請求につき下された宇都宮地方裁判所の棄却決定に対する即時抗告の申し立てを受けて東京高等裁判所が、平成二十年、ＤＮＡ型再鑑定を行う旨決定した。再鑑定は二人の大学教授によって行われたが、そのうちの一人の鑑定では、常染色体及びＹ染色体の各ＳＴＲ型検査において、下着の精液が付着していた箇所の近くから切除した三か所の部分から、同一のＤＮＡ型を持つ男性のＤＮＡが抽出され、それはＳ氏とは異なるＤＮＡ型であったとのことである。東京高等裁判所は、この再鑑定によればＳ氏は本件の犯人でない可能性が高いとして、再審請求棄却の原決定を取り消し、再審を開始し、刑の執行を停止する旨決定した。再審は、宇都宮地方裁判所において行われ、平成二十二年三月二十六日無罪が言い渡された。検察庁が上訴権を放棄したため、無罪判決は即日確定した。

なお、現在では、極めて微量な資料からも精度の高い鑑定が可能となっているので、現場の資料に捜査員や鑑定人等の細胞が混入（コンタミネーションという）し、それらが鑑定結果として現れる危険性が、従来以上に高まっていることに注意すべきである。

※2　わが国だけでなく、英米独の現状を含め、文科系の視点から分かりやすくまとめたものとして、岡田薫「DNA型鑑定による個人識別の歴史・現状・課題」『レファレンス』六六〇号（二〇〇六年一月）

●指紋と犯人の結び付き

指紋について気を付けなければならないのは、指紋識別で一致したら犯人だと信じ込んでしまう場合が多いということである。指紋が出たということは、その物に触ったということの証明でしかない。

侵入窃盗で捕まえた容疑者が「私は絶対やっていない」と言うので、「タンスに指紋が付いているだろう」と言った。容疑者に「そのタンスはどこで買った物ですか」と聞かれ、「〇〇デパートだ」と、取調官が答える。すると、容疑者は「私は〇〇デパートには、何度か行って、家具を探しています」。真実は分からない。あるいは、「私は家具職人です。その家具は私の会社で作ったのです」と言われることもある。

最近も車上ねらいの遺留指紋が一致したということで逮捕された会社員には、アリバイがあったという事例がある。その会社員は事件の数か月前、その車が修理された自動車修理工場に勤めていたということが分かって釈放されたとの報道であった。

また、動く物であれば、例えば被害者の家にあるコップに指紋が付いていたとしても、指紋識別で一致した者がそこに居たとは限らない。誰かが指紋の付いたコップを持ってくれば、事件現場に指紋が残ってしまう。そういうことも、時には考えないといけない。「推定無罪」という映画にそんな話があった。

また、かつては、特徴点が少ない指紋を自動識別にかけると、コンピュータの能力の問題で、処理しきれないということがあり、制約していた面があった。しかし、今ではその制約範囲が狭まってきている。

重大事件で多くの特徴点がなくても指紋識別にかけてみるとか、あるいは、比較的軽い事件であっても識別にかけるようになるなど活用範囲が広がってきている。

昔は自動識別をかけてもらえなかったけれど、今はやらせてもらえることがある、ということを念頭に置かなければならない。

某県内の温泉街の旅館の風呂場《ふろば》で女性が殺されていた。その時、その旅館にいた人間を調べていたのであるが、一人だけ偽名であったことが後で分かった。もちろん怪しい。

その人間の部屋から、やや不鮮明ながらもトイレの後ろ側のところから、指紋が採れた。ところが、これを指紋自動識別にかけなかった。

そうこうしているうちに一年が経って、別の捜査で容疑者が浮かんできた。泊まる時に偽りの氏名と住所を記入したのであるが、似た名前、関連のある地域を書いていて、それを基に一年くらいかかって、犯人が割り出されたのである。

私は、鑑識の担当に電話をした。「本当に指紋では割れないのかな」と。すると、「実は我々も気になったので、犯人を捕まえてからやってみたのです。すると出たのです」と言う。

微妙な差で、犯人をすぐに捕まえることができることがあるということを認識しなければならない。

●掌紋自動識別システムの開発導入

警察庁では昭和四十六年にコンピュータによるパターン認識の技術を応用した指紋自動識別システムの開発に着手した。研究開発五か年計画、実験評価三か年計画等を経て昭和五十八年十月からこのシステムによる遺留指紋照合業務の運用が開始された。

その中身は、犯罪現場に残された遺留指紋から犯人を特定したり、逮捕した被疑者の身元や余罪を確認したりすることである。

運用開始から三週間目、重要凶悪事件の被疑者が確認された。昭和四十三年兵庫県下において女性を殺害し現金を奪った犯人であった。時効一か月前に逮捕された劇的な事件である。

これは、指紋自動識別システムの活用事例であるが、平成十四年に導入された掌紋自動識別システムも大いに活用されることを望む。

指紋では、窃盗の割り出しが一番多い。昭和四十年代、手作業によって年間二百件程度確認された遺留指紋による容疑者の割り出しが、平成十七年で四千件程度になっているので、二十倍程度に増えている。

掌紋の自動識別ができるようになってまだ数年であるが、すでに年間一千件以上の確認がなされている。

今のところ、掌紋の方が犯人は無防備である。だから、指にはテープを貼って注意するが、掌紋はついてしまうケースもある。

これが知れ渡ると、犯人もいろいろと工夫してくることがあり得るが、ある程度はやむを得ない。警察はさらにそれを上回る知恵と技術を身に付けなければならない。それが宿命である。

Ⅳ　言うべきことと言ってはいけないことの区別

●捜査と広報

「警察はいいね。毎日、一つか二つは刑事が主役のドラマがある。タダであれだけ宣伝してくれる職業はほかにないから」

私の高校の先輩に当たり、東京大学総長、参議院議員を歴任した林健太郎《はやしけんたろう》先生の言葉である。

警察官であった私にしてみれば、煩わしいことの方が多いから、あまり宣伝してくれない方がいいという感覚でいたので、そういう見方もあるのかなと思ったものである。そう言われてみると、確かに刑事が主役になっているドラマが毎日のように放送されている。最近、検事が主役になったり、ヒーローになったりしているものもある。警察官だけではなくて「科捜研の女」というのもある。また、昔からあるが、新聞記者が主役になっているものも放送されている。それでも警察を主役にするものが圧倒的に多い。それだけ、国民の関心が高いということだろうと思う。

しかしながら、最近、警察があまり頼りにならないようで、検事が出てきて、検事が何でも警察を指揮しているようなドラマが多くなっている感じがする。いささか戦後の制度とは違うのではないかと思ったりすることもある。「銭形平次」も刑事の物語だという人もいる。「鬼平犯科帳」もそうなのかもしれない。

警察にとってマスコミ等への対応は、確かに煩わしいことも少なくない。それでも基本をきちんと押さえておけば、それほど難しい話でもない。難しい面とそうでもない面がある。ただ、一番大事なのは基本だろうと思う。

では、基本とはいったい何だろうかということである。これは、とらえ方が人によって違うところがあるかもしれない。

言うべきことと言ってはいけないことを常に意識することが基本の根っこにあると私は考えている。

では、「言ってはいけない理由」「言っていい理由」とは何なのだろう。あるいは「言うべきこと」「言わなければいけないこと」はどういうことか。

「言ってはいけないこと」の基礎にあるのは「捜査上の秘密」と「人権上の配慮」である。基本はこれではないかと私は思う。

ただし、各論の具体的な場面で、何が捜査上の秘密になり、何が人権上の配慮に関することになるかは結構難しい。これは時の経過によっても変化する。ある時点では言った方がいいけれども、ある時点では言わない方がいいということもあり得る。

ある県で銀行強盗があった。オートレースの売上を銀行へ運んだ時、事件が発生した。散弾銃を持った者に行員が脅かされて、手錠を掛けられ、つながれて、六千四百万円を奪われた。その犯行直後くらいに不審車両が目撃されていた。四輪貨物であった。「これは捜査上の秘密なので、伏せておく」という報告があった。その時、私は「これが逃走車両にほぼ間違いないのであれば、広報した方がいいのではないか」と言った。情報の確度によって、公表することが、新しく、正しい情報を得るために、プラスになる場合とマイナスになる場合とがあるのである。そうしたことを考えずに、記者の評判を基本に物事を判断する人もいる。

タクシー運転手がねらわれた強盗殺人事件があった。殺害方法は絞殺で、首を絞めた紐《ひも》が非常に特殊な紐だった。だから、その事実が公になっていない場合、犯人を見付けた時にその紐がどういう意味を持つか。怪しい人を見付けた時に怪しい人間が、その紐とどういう関係にあるか。あるいは、ポリグラフをかける時にその反応が出るわけであるから、これを広報してしまうと使えない。使えても、非常に価値が落ちる。

この点を踏まえると、すぐに犯人が割り出せる見通しであれば、このような特殊な事実は広報しない方がいい。

このケースでは、なかなか捕まらなかった。こう言うと刑事は嫌がるが、なかなか捕まらないから広報した。広報をしなくても、その紐がどういう紐で、どういう性質かなどについての情報が十分に入る自信があるなら広報しない方がいい。

しかし、それが何だか分からない、生地の質までなら分かるけれども、どういうところで使っているかなどということがあまり分からない。一年経っても分からなかった。そこで紐のことを公表したというケースもある。状況によれば早く出した方がいいこともあるはずである。それについて求める情報が多い場合は、早く出した方がいいという判断があり得るのである。

前述の銀行強盗での不審車両の話も同じである。警察が追いかけて、見付けてくる自信があれば、見付けるまで出さない方がいい。これは、結果論になることもある。このケースの場合は、結局その車も犯人も見付からなかった。

では、なぜ不確実なものを早く出してはいけないかというと、不確実なものを出すと、新聞なら新聞の読者、テレビならテレビの視聴者の意識を固定してしまうおそれがあるからである。

「あれが怪しい車だ」となれば、他の車は怪しくないと思い込んでしまう。松本《まつもと》サリン事件がその典型である。松本サリン事件の時には、雰囲気がもう「Kさんが怪しい」というムードであった。報道では直接犯人だとは書いていなかったが、どう見ても近所の人が読めば（近所の人でなくても）、「Kさんが怪しい」という雰囲気の記事になっていた。そういう記事になると他の怪しい情報が出てこなくなる。

確か、私の記憶では、オウムにほぼ間違いないと分かってから、「何か白い服を着た変な人がいた」という情報が出てきたと聞く。

だから、不確実な情報を、捜査員の間でもそうであるが、うかつに一般の人に与えてしまうと他の情報が入りにくくなるのである。

このように様々なことを考えた上で、広報すべきもの、広報してはいけないものや、ポリグラフの質問に使うのはどれとどれかと、ある程度頭の中で考える必要がある。それでも情報は漏れることもある。漏らす人もいる。そういう意味でも捜査上の秘密というのは、時間や条件で変わっていくということである。

●人権上の問題

①関係者への配慮

次に、人権上の問題であるが、例えば、次のような事案があった。

人が路上で殺されていた。一一〇番通報は、「道路で人が寝ている。胸に包丁が突き刺さっている」という内容であった。私の感覚では、寝ているとは言わない。胸に包丁が刺さっているのであれば、普通は「殺されている」と考えるのだがそれは余談である。

その後、ある地域課の巡査が、この被害者を何日か前に職務質問したことがあったということが分かった。手帳を調べすぐに身元が分かった。これは、地域課の警察官が立派だと思った。普段からそういう仕事をしているのである。このような警察官が本当に警察を支えているのである。

他方、警察犬を連れて来て、被害者を原臭にして被害者の足跡をたどったところ、ある店で止まった。そこで聞き込みをしたら、前日、被害者がもう一人の男と一緒に飲んでいて、口論になって外に出て行った事実があることが分かった。調べたらその男が犯人であった。事件としては難しくはない。

しかし、その広報をした時に、飲んでいた店の名前を出してしまった。これには、店の人から副署長に猛烈な抗議が来た。

「何でうちの店の名前を勝手に出すんだ。調べに来た刑事に、くれぐれもうちの店の名前を出さないでくれとさんざん頼んだ」にもかかわらず出してしまったという抗議である。

こういった場合には、「宣伝になるから広報してくれ」という、積極的に店の名前を出してもらいたい人と、どちらでもいい人、どうしても嫌な人と大雑把に言えば、この三つに分かれる。ケース・バイ・ケースである。

警察としては、もう犯人も分かっていたから、捜査上の秘密ではない。広報で出ても捜査に支障はない。しかし、関係者にしてみれば、非常に重要な意味を持つ。そういうことである。

②被害者・遺族への人権配慮

ラブホテルで未成年の女性が殺された。

「風呂場《ふろば》で人が死んでいる」という一一〇番通報があった。裸にされて風呂の中で死んでいた。うつ伏せになっていたから顔が見えない。第一報の段階で、詳しいことは分からない。ラブホテルで人が死んでいる。男か女かもすぐには分からない。最初の段階で分からないというのはいいのであるが、二時間経っても三時間経っても分からないというのである。それでは、広報上、ちょっと受け入れられないのではないかと思った。

しかし、現場を預かっている者からすると、風呂場の床面を乾かして、そこから足跡なり足紋を採りたいということがあって、かなり慎重にやっていたのである。髪の毛が長いから、女性の可能性が強いけれども、まだ確認できないなどと言っていたのである。私としては、「一、二時間経ったら確認していいのではないか」と思っていたから、その後、指示して確認してもらった。

また、衣類が部屋にある。どのような衣類だったかをマスコミに発表するかという問題もある。この時は広報した。つまり、広報した方が早く身元が分かるだろうという考えである。細かいことは別として、どのような服装、バッグかということを広報した。

すると、「うちの娘が前の日から帰って来ない。そういう意味では、着ている服も似ているので娘ではないか」とすぐ家族から連絡が入った。発表の効果は大きい。

他方で、そのラブホテルから電話をした記録があった。それらのことも並行して突き合わせをしていきながら、被害者の身元が比較的早く分かった。

そして、身元が分かって、その広報をどうするかという話になる。悩ましい話と感じる人もいれば、全然悩まない人もいる。

従来の日本の慣行からすれば、殺されている被害者の名前を出すのは普通である。捜査一課長も署長も「殺人事件だから、被害者の身元が割れたら、すぐ広報すべきだ」という意見であった。

しかし、私は、「ちょっと待ってほしい」と思った。どういう経過で殺されたのか、どういうことがあったのか分からないままで、ラブホテルで殺された未成年の女性の名前を安易に広報してよいのであろうか。安易にという言い方には語弊があるかもしれないが。

強姦《ごうかん》ならもちろん出さない。親御さんとか周りの人にしてみれば、経緯も分からないのにそのようなことを報道されたらたまらない。かといって一定の時間が過ぎれば、発表しなければならないだろう。おそらく、しかるべき時点では名前を出さなければならなくなるであろう。説明すれば匿名にしてくれる報道機関も多いかもしれない。

しかし、名前を出すのは、被害者の両親の了解を得てからにしてほしい。両親がやむを得ないと思えるように、「匿名要請をしますが、やむを得ないのです」ということを言って、了解を得てから警察としては発表すべきであるというのが私の意見であった。

③マスコミの思惑

しかし、人が死んでいる事件で被害者の名前を出さないというのは、マスコミとの間で揉《も》めるものである。やはり言ってきた。事件が発覚したのが昼間で、午後八時か九時には身元が判明した。翌午前三時ころまで新聞記者も残っていて、その時には犯人の目星もついた。目星はついたけれども、まだ「出せない」。

犯人は高校の時の同級生で、大学受験の予備校に通っていた。被害者は専門学校に通っていた。犯人は被害者のことを高校の時からずっと好きで、思いを寄せていた。高校時代にデートを一回したが、深くは付き合ってもらえなかった。

卒業して一年が経って、自分がちょうど入学試験を受けに行く日に、あまり気が向かないので、被害者の家の近くに行ったら、通学途上の被害者がいた。そして被害者を見ると、高校時代に比べて化粧もして大人びていた。そこで、誰か他の男と付き合っているのではないかと思う。

「ちょっと付き合ってくれ」と言って、途中で手錠を掛けてラブホテルに連れ込んだ。そして関係を持って「お前、他にも男がいるだろう」とか何とか言って、その後、さらにもう一軒、手錠を掛けて別のラブホテルに行く。二軒目か三軒目かは記憶が確かではないが、ラブホテルで一晩明かした後に被害者を殺してしまうという事件であった。

被害者にしてみれば、無理矢理連れて行かれているのである。自分の方から積極的にラブホテルに行くような娘とは違う。しかし、無理矢理連れ込まれたにしても、世間の目は冷たい。被害者に落ち度はない。女性や子供が被害者になる事件というのは特に難しいことがある。

だから、私は、その時点で、被害者がラブホテルに無理矢理連れ込まれた上で殺されている場合があり得たので、もう少しはっきりと分かるまで、しかも被害者の親も納得できるようになるまでは、被害者名を広報すべきではないという判断をした。

すると、マスコミは、「広報担当の副署長は、部長（岡田）の指示で名前を出せないと言っているが、おかしいんじゃないか」と私を取り囲んだ。先に述べたように、通常の殺人事件の場合は、被害者の名前を広報するのが普通である。

しかし、このケースは、ラブホテルという特殊な場所で殺害をされている。しかも、被害者は未成年である。少年法は、犯人が未成年の時は名前、容貌《ようぼう》などは出すなと規定している。少年法第六一条に「記事等の掲載の禁止」というのがある。

「少年のとき犯した罪により公訴を提起された者については、氏名、年齢、職業、住居、容ぼう等によりその者が当該事件の本人であることを推知することができるような記事又は写真を新聞紙その他の出版物に掲載してはならない。」

しかしながら、このような規定は、被害者については存在しない。なぜ被害者についてはないのか。これには様々な解釈があるかもしれないが、被害者の人権は守らなくてもいいということではないはずである。被害者については、そういう規定がなくても、当然、被疑者、被告人以上に守られるはずだからではないのか。

私のこの説は、文献を見ても全然出ていないが、私はいまだにそう理解をしている。被害者の人権の方が被疑者の人権より守られる。当たり前すぎることではないのか。この事件は二十年くらい前の話である。今のように被害者の人権が叫ばれる時代になる前の話である。

被疑者のように悪いことをしたと疑われている人間については、人権侵害が起きやすい。そこで、「被疑者、犯人であっても」人権を守らなければいけないということを法律に規定しているのである。この規定の趣旨からすれば、被害者についてはそれ以上に守られるべきではないのか。

「ラブホテルのような場所で殺されたということであれば、少なくとも事実関係について、もう少し確認ができるまで、あるいは、被害者の両親が納得するまで、私は広報すべきではないという判断をしました。これは刑事部長の責任。捜査本部長としての私の責任です。ご批判があればいくらでも受けます」

と、記者たちに話した。すると、若い記者たちは納得してくれた。

「そういう説明を最初からしてくれれば、我々も締切りの後、こんなに遅くまで、部長を待ち伏せたりしない」

と言っていた。

「そういう説明をしないで、『言えない、言えない』とだけ言うから、我々は待たしてもらった」とも言っていた。

しかし、現場の記者は納得してくれたが、この話をデスクや本社に上げたら、「ふざけるな。事実や名前を聞いた上で、出す、出さないは我々が判断するんだ」と各社の幹部は言うであろう。マスコミはそう言うであろうが、私の判断は変わらない。

その前段階には、副署長のところに、新聞記者が、やいのやいのと言ってくるので、私は「両親に出さざるを得なくなりますよということを早く説明してくれないか」と言った。そうすると、署の幹部が「部長、それはできません。もう最初の段階から被害者の母親は、『名前だけは出さないでほしい』と泣いて頼んでいます。最初に事情を聞く時から言っていますと言ってきた。

「明日、一晩明けて、少し落ち着いてからなら言えるけど、今の状態ではそんなこと聞けません」ということだった。それなら、我々は言っちゃいけない。こういうことだったのである。

翌日だったか翌々日には、「やはり大変お気の毒ですが、我々が名前を出さなくても調べれば分かってしまうし、出てしまいます。ただ我々からはできるだけ、被害者の名前は出さないでほしいということは申し上げます」という説明をした。それでも母親は納得してくれなかったが、父親は「やむを得ないです」ということであった。そういう発言を確認した上で、警察として被害者の名前を出した。

このように、警察にとって支障のないことでも、関係者にとっては非常に重大なことがある。また、殺人事件のような重大なことではあるが、やむを得ないという事情をある程度説明して、完全に納得できなくても分かってくれることがあるということである。

この点をよく踏まえて、広報をやっていかないと大きなトラブルを起こすおそれがある。

●十を知って一を語る

マスコミとの対応で気を付けないといけないのは、その場限りの自分の都合で、いい加減なことを言うことである。

「一を聞いて十を知る」「十を知って一を語る」

という言葉がある。この逆に、知らないことでも、不確実なことでも平気で言ってしまう人がいる。幹部でもいる。

マスコミから当たりがある。知らなくても、

「そんなことを知っていないと指揮官としての資質を問われるのではないのか。そういう

報告もきてないのか、この幹部は部下の掌握もできていないのか」

と思われるのは嫌だから、知らないことでも、いかにもなんとなく知っているように、曖昧《あいまい》に答える。すると、相手は「報告は受けているのだけども言えないんだ」という心証をとるわけである。それが誤解となって大誤報になることもある。

かつて、スーパーのお菓子に農薬を入れて店に置いた事件があった。毒物を置いて、金を出せという企業恐喝である。それで、三、四回くらい現場を設定した。

何回か現場設定をした時の行動パターンからすると、指定した時間、場所に犯人はいない。そこには指示文書があるだけだった。その指示文書の置き場所が、どこかのコインロッカーであったり、電話ボックスの下であったりしたことから、何か所だったかは忘れたが、前日に犯人が来る可能性のある場所をいろいろと選定して、電話ボックスにも現場設定をして張り込んでいたことがある。

すると、男性警察官と女性の事務職員がペアを組んで張り込んでいた近くの電話ボックスに不審な男が来た。その男は、急に手袋をして、何かを電話ボックスの下に貼った。それを見て、その二人組が男を職務質問し、逮捕したという事件であった。

これは捜査一課も署も大変な功績である。事件を認知してから捕まえるまで七十数日間であった。

この事件は犯人が捕まるまでマスコミには漏れなかった。保秘の能力も大変よく、プロ好みのいい仕事をすると自負したものである。

結果として逮捕できた最後の現場設定の数日前に、ある社には漏れかけた。私は普段から「特定の人にだけ、個別の事件の話はしない」と言ってあった。「刑事部長に取材しようと思っても無駄だよ。特オチになりかねないような時まで意地悪はしないけれども、『この事件について、これはどうですか』というものには、基本的に私は応じません」と。

そうしたら、勘づいている記者は遠慮がちに「企業恐喝で何か訓練をやっていますか」と言うのである。

私は「訓練はしょっちゅうやっている。私のところに報告があるものもあれば報告のないのもあるけれど」というような受け答えをした。一回目の当たりはその程度であった。

また、その後「毒物を店に置いて訓練しますか」と問いかけがあった。

私は「確認していないけれど、やれたらやったらいいんじゃないの。別に猛烈な毒でなければいいんだし」。「ああそうですか」などと答えていた。

管轄の署長にはもっとストレートな当たりがあって「現場設定しているでしょう。明日そういうのがあるでしょう」という当たりだったという。本当は明後日《あさって》だった。署長は真面目な人であり、事実、明日ではないから「ない」と自信を持って言った。

署長から私のところに電話があって、こんな当たりがあってこういう対応をしているという。それで構わない。私の方も言っていないし、言うべきではないと。その時の現場設定で犯人を逮捕できた。その時に逮捕できなければ、逮捕前に報道されていたと思う。

後で、その記者は支局長に「そこまで取れていて、なんでもうひとつ押せなかったんだ」とものすごく怒られたらしい。その記者は立派な人で、「私が捜査一課長、部長でもあれは言えませんよ」と言ってくれたそうである。大変いい記者であった。

仮定の話になってしまうが、もしも、その毒物が青酸カリだったらどうかということを、私は考えた。

青酸カリ、あるいは、それくらい毒性が強いもの。これだとむしろ積極的に広報するのかなと。これは分からない。結論は出さずに済んだが、悩んだ。農薬の場合と青酸カリとでは違う。犯人を捕まえることも大事だけれども、命を守ることはもっと大事であるからそういう利益較量があるわけである。

「十を知って一を語る」は、私が大蔵省（現・財務省）にいた時の上司に言われた言葉で、これはマスコミとの関係ではなく、報告の仕方のことである。

警察は、迅速な報告を要求される場合がある。だから、これはあまりそのまま真に受けない方がいいかもしれないが、ある程度時間をかけてやるようなものの場合は、知っていることを、全部報告すればいいというわけではない。知っていることを全部報告すると、改めて聞かれたことには答えられない。だから、ネタを持っていなければならない。

一を知って、二も三も報告する人は危ないと思われる。報告を充実させるためには十の部分を増やすということである。報告する部分を少なくするのではなくて、十の部分を増やすことによって一の部分も増えるであろう。そういう努力が必要だと思う。

一般にマスコミの人たちから評判の悪いのは、自分のない人、誰にでも迎合する人だそうである。

「自分がない」というのは、自分で判断できない人のことをいう。

「それは、本部に聞かなければ」とか、「本庁に聞かなければ」と言う人のことである。目の前で本庁に電話してくれと言われたりして、それで本当に電話をした人がいるという。

「本庁もいいと言っていますから」なんて言うのは、みっともない。

「誰にでも迎合する」というのは、メディアの人達に不確実なことも含めて何でも言うような人のことである。一時的には相手は喜ぶ。秘密みたいなことも平気で言ってくれる。しかし、相手（記者）も腹の中では馬鹿にしている。

それから、同じことを言ったり言わなかったりしても、よく言われる人と悪く言われる人がいる。そういう意味で言うと、広報の仕事も全人格的な要素が強いのである。

第二編　捜査指揮官の判断と決断

本編は、主として筆者が尊敬する捜査指揮官、寺尾《てらお》正大《まさひろ》・元警視庁捜査第一課長、生活安全部長が警察大学校特別捜査幹部研修所で行った講義をはじめ、長い付き合いの中で直接聞いた話を筆者の責任でまとめ、捜査指揮官としての在るべき姿を記すものである。以下、太字で本文より下がって組まれているのが寺尾氏の発言を引用した部分である。

【寺尾正大】

一九六四年新潟大学人文学部卒業。民間企業勤務の後、警視庁巡査となる。警部に昇進後、通算十一年間刑事部捜査第一課に勤務し、ノックアウト連続強盗事件、ロス疑惑、トリカブト殺人事件、オウム真理教事件、地下鉄サリン事件など数々の難事件の捜査を指揮し解決に導く。歴代一課長の中でも〝名指揮官〟といわれる伝説の刑事。

I　皆が感じ取らないことを感じ取る力

●名著に学んだ捜査

皆さんは、捜査指揮に関する本を読んだことがあるだろうか。出版社から出されている捜査指揮に関する本には、「捜査指揮とは…」「捜査管理とは…」と、もっともらしいことが書いてある。しかし、これらの本を読んで覚えても指揮官としての能力が高まるとは正直なところ思えない。もちろん、そういうことも知っていた方がいいのであろうが、「なるほどなあ」と言える本は、なかなかない。それで、現場の指揮官は皆、困るのであろう。

ある時に、こういう本があるのを知っていますかと、岡田審議官が言ってくれた本があります。それは、既にお亡くなりになっていますが綱川政雄という人が書いた『殺人捜査の実際と指揮』という本なのです。

私が、この本のコピーを寺尾さんに見せたところ、実は寺尾さんも既に読んでいたとのことであった。私は他の人にも聞いたが、この本を読んでいたのは寺尾さんしかいなかった。

私は三十代の半ば過ぎころに捜査一課の殺しの係長になりましたが、みんな新米の係長など相手にしてくれません。又捜査指揮などなかなか教えてくれません。その時に、その本がいろいろと参考になったことがありました。その時は持っていましたが、その後誰かに貸したっきり返ってこない。それを覚えていて、岡田審議官がその本の話をされたので、私も読んでいましたと話をしました。岡田審議官はそれをコピーしたものを持ってきてくれました。私は、どこでこれを見付けたのですかと尋ねたところ、司法研修所で弁護士出身の教官が読んで研修生に紹介している。決して批判的な意味ではなくて、警察というのはこんなに深く捜査をするのかと感心していたそうです。

その後、出版社と話をしたら、これを改訂したいとの意向があり、私もぜひこの本を書き直してほしいと思った。しかし、著者は既にお亡くなりになっていたことから、編集者から、「誰かいい人はいませんか」と尋ねられ、寺尾さんなら書き直せるかもしれないと答え、寺尾さんに話してみたのである。

いかんせん、この本の中身はもう古いのです。今のハイテク犯罪だとか言っている時代ではなく、自動車、携帯電話がない時代、事件も地下足袋十足盗んだものとか、汲《く》み取り口から入って人を殺したとか、今時そんな便所など見当たらない。

この本を読んでいると、いいことが書いてあるなあと思う反面、地下足袋十足なんて書いてあったら、がっくりきてしまう。理論的にはそう変わらないと思うのですが、ちょっと世情に合わないので、少し書き替えましょうかということで、今、その作業を進めています。なかなか進まないので、その催促をされているのですが……。

その方の理論は非常にいいのです。ただ、私と岡田審議官と同意見なのは、そんな分厚い本の中で、一番必要だと思う捜査指揮官としての判断力という部分の記述が短いのです。

●捜査指揮官として重要なこと

『殺人捜査の実際と指揮』（東京法令出版）の中で、著者は、

「殺人事件に限らず重要な強行犯捜査では基礎捜査の終了または一段落した段階で捜査方針を策定し、犯人の特定、追跡捜査というい わば本格的捜査に移行するわけだが、

この際指揮者として特に重要なことは、その事件に対する適切な判断である。捜査指揮はいかなる場合でもその前提として判断があり、時間的余裕の有無にかかわらず、常に何らかの判断により捜査の方針、方法が決定されなければならない。したがって、判断の適否は捜査の成否を左右し、その能力のいかんは指揮者としての優劣を決定するということを銘記する必要がある。」

と述べている。

私は、捜査だけではなく、いろいろな仕事において、幹部に必要とされる大事な資質は「判断力」だと思っている。「事の軽重の判断、緩急の判断力」である。

それでは、この判断力を養うにはどうすればいいのであろうか。

事件を正しく判断するための秘訣《ひけつ》は、現場の資料をよく見て考えること以外にない。

ところが、私の経験から言って、同じ現場の資料をよく見て考えても、Aという指揮官、Bという指揮官、Cという指揮官、三人ともバラバラです。簡単な事件、例えば指紋があり、「私がやりました」と被疑者が自供しているような簡単な事件であれば、誰が考えたって捜査方針は決まりますが、同じ資料を見てよく考えても、指揮官の能力によって、大きな差が出てきます。医者と一緒です。同じ病気を診ても治せる医者と誤診する医者がいます。それと同じように捜査指揮官だって、事件を解決できる指揮官とできない指揮官とがある。その差は何によるかといいますと、捜査指揮官の「判断力」なのです。指揮官が判断して間違ったらどうしようもない。

指揮官が判断を間違っても、なんとかなることもあるが、捜査がうまく運ぶかどうかの鍵《かぎ》は、指揮官が握っていることは間違いない。

例えば、捜査会議で捜査員はいろいろな発表をする。指揮官は、他の人たちが聞いて分からないことであっても、みんなの話を捜査報告書などで知っているわけですから、それらの中から、みんなが感じ取らないところも感じ取らなくてはならないのです。

ただ、「スルーの指揮官」も存在する。下の報告を聞いて上に伝えるだけ。自分で考えない。しかも、下から聞いた情報を薄めて上に伝える。上から言われたことも薄めて下に伝える。そういう指揮官はいない方がいい。そういう幹部が稀《まれ》にいる。こういう幹部のことを「スルー幹部」と言う。もちろん、「スルー（through）」とは、通り抜けるという意味だ。

では、感じ取った時にどうするのか。この話を進めるべきか進めざるべきか。任意で呼ぶのか呼ばないのか。いろいろな場合がありますが、いずれも、捜査指揮官の判断に委《ゆだ》ねられて、捜査は毎日続いているものなのです。指揮官の判断力が捜査を左右することは間違いないのです。

捜査を続けていると、現場資料がいろいろなシグナルを出します。そのシグナルをきちんと嗅《か》ぎ取って、正しい判断をするためには、指揮官はどうすればいいのか、ということなのです。

これが指揮官としての「総論」になる。

その総論の話として、綱川さんも『殺人捜査の実際と指揮』の中で、やや抽象論ではあるが、面白い話を載せている。

「筆者（綱川）は警察生活の大部分を犯罪捜査に従事した。この間、特に警視庁捜査第一課において殺人捜査班主任として在職した三年間、担当した本部事件、準本部事件等三十数件はすべて解決した。これはあるいは運がよかった。いわゆるついていた結果かもしれない。同僚の評価もお前は運がよいというのが大部分だった。」

大部分の幹部はそのように考えるであろう。しかし、同時に、綱川さんは、「しかし、私自身は必ずしもそうとばかりは思っていない。」

という自負心を持っていた。

「私は私なりに及ぶ限り資料、情報の検討をし、適正な判断により最善の捜査方法を見出す努力をした。いつも最善の結果になったとは限らないが、そうした。」

と述べている。

綱川さんの言葉で、私の一番好きなところを紹介する。

「綿密な観察と同時に、考えることも必要だ。私事で恐縮だが、私は事件について徹底的に考えた。当時私は大田区内上池上というところに住んでいた。山手線の五反田駅で私鉄に乗り換えるのだが、捜査が終わって帰宅の途中、事件についてあれやこれやと考えにふけっているうち、乗換え駅を通り過ぎ幾駅も先まで行って引き返したのも再三のこと、終電車で下車駅を乗り越し深夜の町を歩いて帰ったことも度々あった。夜半に目が覚め事件のことを考え出し、そのまま眠れず朝を迎えたことも何回あるか分からない。寝ても起きても捜査のことで頭が一杯というのが私の日常だった。……ともかく捜査という仕事はそれに従事している時間だけ、役所にいる時間だけ考えて、家に帰ればけろりと忘れているようでは決して成功は望めないということは確かだろう。」

Ⅱ　犯人は〝流し〟なのか、〝近い者〟なのか

●マンション内主婦強盗殺人事件

寺尾さんの話す実例は、含蓄のある事件が多い。東京都内の新興住宅街で起きた事件について述べていきたい。

昭和××年一月、東京都内で「マンション内主婦強盗殺人事件特別捜査本部」という名の事件が発生した。マンション二階の居室内で三十歳の主婦がパジャマ姿のまま、頸部《けいぶ》を電気コードで絞められて殺害されているのを帰宅した被害者の夫が発見し、一一〇番通報したのが端緒であった。その一一〇番通報では、室内には物色の痕跡《こんせき》があるということであり、寺尾さんの下に強盗殺人事件発生との一報が入ったのである。

発見した夫と、被害者である妻との二人暮らし。駅のすぐそばのマンションに住んでいた。フリーのライターである夫は、妻が就寝していた午前九時ころに仕事に出かけていた。奥さんは朝の九時になってもまだ寝ていた。皆さんどう考えるであろう。やはり、ちょっと変わっていると思うだろうか。このようなところも、結構、大事な着眼点なのである。

夫は、玄関の鍵を掛けて外出をした。役所などに行って所用を済ませた後、午後四時ころに自宅に電話を入れたのだが応答がない。午後五時ころ帰宅したところ、施錠がされていなかった。家の中へ入ってみたら、家の中が散乱していて、キャビネットが引き出されて書類が散乱し、妻がコードで首を絞められていた、というものであった。

解剖の結果、死亡推定時刻は午前七時から午前十時ころまでの間。夫が午前九時ころ家を出ているから、その後に殺されたことになる。殺しに間違いないので、強盗殺人特別捜査本部ができた。

私は、当時は捜査一課の管理官、警視であり、一度、警察署の刑事課長で出て、また、本部に戻ってきて二年くらい経った後だったと記憶していますが、捜査一課長から「君が担当しなさい」と命令されたわけです。

何で遅れたのかは記憶にないのですが、皆より遅れて現場に着いたら、もう鑑識や署の刑事、機動捜査隊などの連中が家の中に入って、がちゃがちゃとやっていました。出入り口が玄関とベランダでしたから、ベランダの鍵がどうだったのかと見ると、全部きちんと施錠されていました。鑑識に足跡とか痕跡をよく見てもらったら、ほこりが溜《た》まっていて、全く人が入った痕跡がありません。ということはここからの出入りがないということで、「入りと出は玄関以外にはない」ということです。
では、鍵は誰が持っているのだと調べたところ、夫と妻しか持っていない。他に誰も持っていない。鍵は二本ともありました。ということは、部屋に入るには、妻が鍵を開けなければならないということです。三十歳の女性が、人が来た時にパジャマ姿で玄関を開けるのか。

事件の筋を読む上で、ここはかなりのポイントであろう。

おかしいなと思いました。殺害方法は、後ろからコードで首を絞められているのが分かっています。もし、強盗犯人が玄関を入って来たら、妻も「ぎゃー」と騒ぐはずです。何か痕跡があるはずですが、この痕跡が薄いというか、感じがしないのです。人が来るのが分かっていて、妻がドアを開けたとすれば、愛人や知人が入ったのだろうと推測される。もし、ナイフか何かを突き付けて脅して奥の部屋に行ったのであれば、性犯罪とかのそういう目的が考えられますが、衣類には全くそういう痕跡はなかった。そうすると、強盗の線というのは考えられない。犯人は被害者と面識がある者、愛人か、それとも夫かということになる。

もちろん、現場ではもっといろいろな情報があったと思われる。それらの情報から、当時の寺尾管理官に、そのような感覚が生まれたのであろう。

この感覚は人によって異なる。理詰めに言ってくれれば、なるほどそうかなと思うこともある。他方、一見理詰めすぎて判断を間違うこともある。

明らかに、物色は偽装であって強盗ではないと私は判断しました。犯人は少なくとも、被害者の近くにいる愛人か夫に間違いないだろうと思いました。

「これは強盗ではない。近親者である。一番疑うべきは夫。愛人がいれば愛人の可能性もある」というのが私の判断でした。

捜査員は強盗だと思って聞き込みをしていますから、いわゆる近親者による犯罪だと判断したなら、現場を預かる者として、どのような指揮をするのか。

当時の捜査一課長は、鑑識出身の人で、私が、

「これは強盗ではない。近親者ですよ。一番疑うべきは夫からです。愛人がいれば愛人の可能性もあるので調べます」

と言ったら、その課長が言うには、

「強盗ではないと決め付けるのは危険だから、両方の線でやりなさい」

おそらく、寺尾さんのことだから、強盗ではないという理由や根拠をああだこうだとは説明しなかったのであろう。課長の立場であれば、断定せずに保険をかけておきたいと感ずるのかもしれない。

捜査一課長からは、「強盗ではないと決め付けるのは危険だから、両方の線でやりなさい」との指示を受けました。ここが、解決、未解決の分かれ道になりかねない一つのポイントなのです。未解決事件には、近親者の犯行と思われるものが意外に多いのです。

なぜかと言うと、近親者の犯行というのは目撃者がいないことが多い。自分の家で殺すことが多いから当然です。目撃者がいなければ、捜査は非常に難しい。だから、ホシは自分がしゃべらなければ絶対分からないという自信が強い。私は、あるホシが、「私さえしゃべらなければ、証拠はない。誰にも見られていない」と、言ったのを聞いたことがあります。

まさに、こういう事件はそう（近親者の犯行）なのです。他方で、捜査員はどう考えるかというと、どこの誰の犯行かも分からない〝流し〟は嫌がる。一方で、近親者、親

か兄弟、側にいる者が犯人であれば安心する。この安心が大変な落とし穴になるのです。

捜査員は「いける」と思ってしまう。ところが、これが簡単にはいかない。

多くの県で、実は近親者の犯行とみられながら未解決という事件がある。間違いないと思っても落とせない。

このように、近親者で疑わしいけれども落とせないから解決できない事件が結構ある。なぜそうなるのかというと、多くの場合、事件は計画的で、目撃者もいないからである。目撃者がいないという事について犯人のほうにも自信がある。「証拠はないはずだ。推測だろう」と思うのである。

ところが、警察は近親者の線で行くと、どうしても気が緩んでしまう。〝流し〟は難しく大変であるが、〝牛の爪〟（元から割れている事件のこと）だと気が緩んでしまう。詰めの捜査が、どうしても甘くなる。そして、結局、容疑者を落とせないこととなる。相当調べるのだが、落とせない。そして未解決となってしまう。シロ、クロの決着がつけられないまま未解決になってしまう事件があるのである。

もう一つ、取調べにおいて、被害者の夫や親などの関係者は、はじめは必ず捜査に協

力的です。この人から事情を聞かなくてはいけないから、丁寧に聞いているわけです。しかし、途中で、捜査員が「どうもおかしいな」と思って、その点を聞こうとすると、ほとんどが、

「私を疑っているんですか。私を疑って犯人だと思っているのでしたら協力はしません」

という言い方をされる。これはもう常套手段《じょうとうしゅだん》です。

だから、こういう事件の時には、指揮官の判断が大切になってくる。情報を集めて分析し、適材適所に戦力を配置してやらなくてはならない。

●調べ官の交代

このように、はじめは協力者で、途中から疑わしくなってくる場合がある。はじめはいろいろな情報を提供してくれる。犯人ではなくても事件の内容をよく知っているから、ポリグラフにもかけにくい。そういう事態が生じる可能性のあることを考え、腹を据えてやらなくてはいけない。

このような状況を踏まえ、マンション強盗殺人事件で、寺尾さんが夫の取調べに充てたのは、ベテランのE警部補であった。寺尾さんが、

彼が巡査の時から一緒だった。昔、彼は警らの時に、泥棒を捕まえて来て、その帰りに職務質問して指名手配を捕まえて、また、帰りの明け方ころに職務質問で泥棒を捕まえて来た。一晩の泊まりで総監賞を三本もらった。

という「強者」である。

Eさんは刑事の仕事が好きで好きで仕方なかったのであろう。しかし、残念ながら、癌で亡くなってしまった。寺尾さんは、警視庁の警察学校長当時に彼のところへお見舞いに行ったのであるが、この時のことをこう話している。

私は当時学校長で、以前B警察署で彼と一緒に仕事をしたO副校長とお見舞いに行った。

「本当に長いこと一緒に捜査してきたね！　アメリカにも一緒に行ったし、いろいろとあったな」と、話をしていたのです。

アメリカには、ロス疑惑の事件で行っている。

余談であるが、O副校長は私もよく知っている人である。新宿署で見習いをしていた時、一番若手の警部補で仕事のよくできる誠実な人である。私にとっては最初の捜査の先生でもある。

昔話をしていたら、彼の土色のほっぺたが、パーッとピンク色になってきたのです。同行していた副校長のOさんも私に「顔がピンクになってきたよ」と言いました。捜査の話になると、病気がいったん止まるというか、元気になるのです。凄《すさ》まじいものだと思いました。

今回の殺人事件の捜査で、寺尾さんは、そのE警部補に「ホシは愛人か夫しかいない。だから、この男を調べてくれ」と、理由を説明しながら指示した。すると、E警部補も「そのとおりでしょう」と、その理由に納得した。そして、今まで別の巡査部長に被害者の家族の聴取をさせていたのであるが、被害者の夫からの聴取をE警部補に引き継がせた。最初から犯人だと思って聴取に入ったのである。

ところが、このE警部補が調べても三日間は、「私じゃありません」と完全否認です。四日目には奥さんの告別式をしなければいけなかったので、故郷へ納骨をしに行った。

それで、Ｅ警部補ともう一人に付いて行かせた。すると告別式の後、Ｅ警部補から私に電話で報告がありました。

「あの野郎、親族を前にして、『私は警察に疑われていて、ここに刑事さんもついて来ているけれども、心配しないでください。私は女房を信頼していますし、一番苦しんでいるのは私です。犯人ではありません』と深々と頭を下げていたんです」

そして、これを聞いた親族は大変に感動したらしく、後で、警察に「もう一回ちゃんと捜査してくださいよ」と、随分苦情が来たようである。

その後、五日目も落ちない。このとき、隣のＣ警察署の管内で別の殺人事件も発生して、私は上司から「寺さん、まだか」と言われました。

「あんたの見込みが違っているか、いくら調べが上手い調べ官でも相手との相性が合わないかどちらかだ。調べ官を変えるか捜査方針を変えるかどちらかにしたらどうだ」

私は「Ｅ（警部補）が調べて落とせないホシを一課の他の者で落とせる者はいませんよ」と言って帰ってきたのです。

刑事冥利《みょうり》に尽きる言葉である。上司にそう言ってもらえるのだ。それだけ厚い信頼があったのであろう。

六日目も落ちない。そうしていたら、七日目に東京にしては珍しく大雪が降ったのです。A署というのは、今はきれいになりましたが、当時は汚い建物で、私もずっと署の講堂に泊まっていました。Eから、「『やりました』と言いました。しゃべると言ってますが、どうしますか」と電話が掛かってきました。E警部補が調べを終えて帰ろうとすると、「ちょっと待ってください。話します」と言っているというのです。

夜遅くなっていたので、ちょっとまずいなあと思い、私は「今日はやめよう」と言いましたら、「明日は言わないかもしれませんよ」とE警部補が言います。「明日、言わなかったら言わなかったでいいじゃないか。とにかく今、（調書を）取ってもまずい話になる。今日は帰って来い」と言いました。

見張り役に巡査部長を残して帰らせました。そして、三十分くらい経過した後、その巡査部長から「大変です。ホシが飛び降りました」と電話が入ってきました。

「しまった」という思いでした。「死んだのか」と聞いたら、「まだ見ていません」と言うので、見に行かせたら、「間違いました。雪が落ちただけでした」

この感覚、緊張感が分かるであろうか。これは「ドキッ」と来る。一課事件のほか、選挙事件などの二課事件でもこういうことがある。

帰ってきたE警部補にそれを話したら、ニタニタと笑って、「とにかく、明日の朝早くに迎えに行きます」。朝七時ころ夫を迎えに行き、本庁に連れて来たら、今度は自供しました。

捜査一課でピカイチのE取調官がホシであることは間違いないと思って調べても、八日間もかかるのです。それほどまでに近親者のホシというのは強い（なかなか落ちない）のです。

今はテレビドラマもあるし、ホシは「しゃべらなければ大丈夫だ。警察は知らないで脅しているだけだ」と思っていることも多い。

被疑者が自供する時の心理で重要なのは、「不安感」に陥る時である。証拠をみんなつかまれている時でも案外ずっと否認で通せるものなのだそうである。

もちろん、証拠がないと確信を持っている時も否認で通せる。証拠があるのではないか、あるかもしれない、いや、つかまれているはずはないと迷うとき、悩むとき、疑心暗鬼になるときに自供しやすいということが、心理学者の研究レポートに出ているのを読んだことがある。

近親者がホシの事件は、そういう意味で難しいのである。寺尾さんの話した事例は、そのうちうまくいったものであった。

●否認事件の難しさ

次に、うまくいかなかった事例を一つ紹介する。

亭主が女房を殺して、灯油をかけて火を付けて逃げた殺人・放火とみられる事件である。当時、私は県警の刑事部長をしており、認知当日に捜査本部に行かなかった唯一の事件である。

この事件では、火が出た直後に亭主が家から飛び出して来たのを目撃されていた。

捜査本部を設けると言われたので、「分かった。今から私も捜査本部に行こうか」と当時の一課長に言ったところ、「部長、もう割れている事件ですし、明日、ゆっくりと見ていただいたらいいですよ」

翌日に行ったら、本部の鑑識があっさりと引き揚げていた。犯人が分からなかったら、最低限二、三日は鑑識活動をやる事件だと私は思ったが、半日で本部の鑑識が引き揚げていたのである。

「ちょっと待て。大丈夫なのか」

と再度鑑識を現場に入らせた。亭主はいなくなっている。その後、一週間か十日ほど追いかけて、指名手配して捕まえた。

完全否認であった。「火を付けて自分で死んだ」との言い分である。否認をされてしまうと、ライターがどの位置にあったとか、遺体の姿勢、向きはどうだったとか、灯油の入れ物の配置がどうだったなどの細かい鑑識活動の状況が非常に重要となる。

自供してくれれば、簡単な事件である。結局、男は処分保留で釈放になった。実質「無罪」である。

その後、その男は、新聞社を相手に損害賠償請求訴訟を起こした。県警を相手に訴訟は起こさなかったが、事件をなめたらいけない。

「殺し」に決まっていると思っていても、結局起訴できない。あまり言ってはいけないことなのかもしれないが、ある捜査幹部が「自供してくれたら楽なのですが……」と言っていた。これを聞いて私は、「自供してくれるのなら、捜査指揮官はいらないよ」と言った覚えがある。

捜査指揮官というのは、否認のままでも起訴できるだけの段取りをつけるのがその役割なのだ。自供を待っているのが捜査指揮官ではない。

「最後まで否認されたとき、このような情況証拠だけで組み立てて、なんとか起訴できるようにここをもっと詰めるだとか、そのようなことをやるのが捜査指揮官ではないのか」と、そのベテラン捜査幹部に言ったことがある。

●捜査官が嫌がる〝流し〟

〝流し〟か〝流しでない〟かの判断は、そう易しくはない。思っていたのと逆であることも多い。

松本サリン事件では、報道などでは、Kさんが犯人で間違いないという雰囲気であり、捜査員の中でもそう思っていた人がいたようである。

後で「警察はKさんを〝犯人扱い〟をしていない」と言っている。〝犯人扱い〟はしてはいないのであろうが、捜査本部のしかるべき人物が〝容疑者扱い〟はしていた。そうでなければ落ちるものも落ちない。捜査の宿命である。

それなのに「〝犯人扱い〟をしていません。〝容疑者扱い〟もしていません」とだけ言っても、誰も信用するわけがない。組織としては、〝犯人扱い〟〝容疑者扱い〟はしてはいないかもしれない。だから、被疑者不詳で捜索差押許可状を取ったのであろう。

ただ、「捜査官の一部は〝容疑者扱い〟をしました」と言っても構わない。捜査というのはそういうものである。その結果、「違った部分はお詫《わ》びします。ですが、これは捜査の宿命なのです」と説明するしかない。私は、それくらいの説明が本来あるべき姿だと思っている。

他方で、坂本弁護士一家殺害事件の時は、「オウムが怪しい」と言っているのに、なかなか、オウムをやってくれなかったのではないかと言う人がいる。これもオウムが怪しいと思っていた人もいたし、そうではないと思っていた人もいた。オウムの誰かというのが特定できなかったので、結局なかなか踏み切れなかったというのが真相であろう。

だから、近親者を疑いさえすればいいということではない。

松本サリン事件の時、私は科学警察研究所（科警研）の総務部長をしていた。その前に、名古屋で中華航空機が落ちた事故があった。

その時、科警研の所長は、焼死を見る専門家でもあったということもあり、私に「総務部長、愛知に行っていいですか」と、遠慮がちにおっしゃっていた。私が大変尊敬している所長である。私は、僭越《せんえつ》だと思いながらも「科警研の所長が混乱している現場に行ったら迷惑になります。向こうにも専門家がいるし、行くとかえって大変になるからご遠慮願えませんか」と言ってしまった。

結果的には、所長に行ってもらった方がよかったと後悔した。というのは、後にパイロットが酒を飲んでいたのかどうかで問題になったからである。

会社関係者らは酒など飲んでいないと全面否認したのであるが、機長の遺体からアルコールが検出された。

しかし、私は専門家ではないので又聞きなのであるが、アルコールというのは「死後産生」といって、死んだ後にも発生することがあると、いろいろな文献に載っているようである。飲酒によるものか、死後産生によるものか、厳密に調べようとするのであれば、心臓血など三か所くらいから採血しておかなくてはいけなかったのである。

しかし、この事故の時は、まさかパイロットが酒を飲んで操縦していたとは思っておらず、一か所からしか採血していなかったようである。

この話を後で聞いて、所長に行ってもらった方がよかったと後悔した。所長も非常に残念がっていた。

松本サリン事件では、はじめは原因が不明であった。人がバタバタと倒れていくのに原因が分からない。発生は夜であったから、翌朝、警察庁捜査一課の補佐に電話をして、「警察庁は誰か行くのか」と聞いたら、「考えていない」との返事。私は、「これは桁《けた》違いの事件ですよ。科警研は所長と化学の専門家ともう一人は行かせるつもりだ」

と言った。

この時、所長から「総務部長、これはなぜ行っていいのですか」と聞かれたので、私は、「これは県警が困っているはずです。重大事件というだけでなく、原因が分からないから。本物の専門家がぜひ欲しいと思っているはずですから、法医の専門と分析化学の専門家ということで行ってください。私も行きたいのですが、留守番をしなくてはいけないので残ります」とお願いした。

その後、調べると被害者に縮瞳《しゅくどう》があった。通常、人が死んだら瞳孔《どうこう》は散大する。有機リン系の中毒死、例えば農薬による死亡などの場合には縮瞳が起きる。縮瞳するから、周りがだんだん薄暗くなり、見えなくなって、死んだ後も縮瞳したままになる。死体がいつも瞳孔散大しているわけではないのである。

一般的に有機リン系の中毒というのは、それほど急激に中毒症状が現れない。空気中に少し有機リン系のものがある程度では中毒にはならない。急激に現れるのは、農薬などを飲んで自殺した場合である。そうしたことから、松本の事件の場合は、原因がなかなか分からず、相当苦労した。

「『サリン』ではないか」と最初に言ってきたのは、確か長野県の衛生公害研究所であった。

警察は「有機リン系の毒ガスではないか」と考えていた。ただ、この物質がサリンであると断定するのは、真正物質と比較して同じ物質であると確認しなくてはいけない。本物がないので、この比較ができないのである。

私は、自衛隊にはあるはずだと考えた。ただし、あったとしても簡単には教えてくれるわけはない。そんなものをすぐに持って来いというわけにはいかない。後になって、自衛隊に真正物質があることもはっきりした。私は、

「自衛隊にサリンがあるに決まっている。普通のルートでは教えてくれないから、警察庁のしかるべきルートを通さなくてはならない。サリンだとはっきり分かれば、自衛隊の協力も求めなくてはいけないですよ」

とこのような議論をしたと記憶している。

その後、現場で採取された物質を科警研に持ち込んで濃縮し、対照試料として真正のものはなかったが、サリンにほぼ間違いがないと判断できたのであった。

それから、ちょっと裏話になるが、所長らが帰って来てから、サリンの可能性が高いことが分かった後、外への公表をどうするのかという問題があった。まず、私が所長に聞いたのは、「サリン中毒の治療と他の物質の中毒の治療と治療方法が変わりますか」という質問であった。「治療方法に変わりはない」という答えであった。

その治療では、パムという薬と硫酸アトロピンという薬を使っている。作用の仕方は違うが、この二種類の薬を使っている。そして、サリンということがはっきりしても、この二種類の薬を使うから大丈夫ということであった。断定できればいいのであるが、断定できていないから間違って公表できない。ただ、治療法が変わるのであれば、その情報を何よりも早く出してやらなくてはならないというのが私の判断だった。治療法が変わらないのなら、若干時間にゆとりができるなと思った記憶がある。

●捜索差押えと容疑性の判断

ところで、Kさんは写真にも興味があったようで、いろいろな薬品を自宅に置いていた。農薬もある。様々な薬品が自宅に置いてあるから、まずそれらを押さえなくてはいけないだろうと令状を取った。そして、その時には、かなり容疑性が強いのではないかという判断もあったであろう。まだ、被疑者とまではいかないが、緊急に薬品類を押さえなくてはいけないから、被疑者不詳で捜索差押許可状を取った。そして、捜査を進めていく。そこにある物質でサリンができないかと調べていく。調べた結果、そこの物質で相当複雑なことをやっていけば、化学的には不可能ではないということのようだった。

しかし、たとえで言えば、サリン百グラムを作るのに必要な物質が百キログラムくらいなければできないとか、その製造は非常に難しいということがだんだんと分かってきた。しかし、不可能というわけではない。

その後、捜査関係者の中で意見が分かれていった。その中でも「Kさんが怪しい」という考えも、かなり有力であったようである。科警研にも、様々な問い合わせがあった。長野県警もサリンの作り方等についてよく勉強していた。

その時に苦労したかいがあって、地下鉄サリン事件の時の迅速な捜査につながった。松本事件の経験がなかったら、地下鉄サリン事件の捜査はあんなに順調には進まなかったであろう。

捜査の過程で、捜査関係者から科警研にも「Kさんについて、どう思います？」と聞いてきたことがあった。私は、かなり早い段階から「Kさんは（容疑が）薄い。可能性は少ない」と言っていた。その理由は、「この事案は、犯人が誰であるにせよ器が出てこなければならない」というものであった。サリンを手で持つことなどできるはずがない。

また、奥さんは重症であり、本人も倒れて一か月以上入院していたのである。そのような状況下で、器を隠したりすることができるのか。だから、どの程度、その捜索に自信があるのかということも絡んでくるのである。

自信があれば、「そんなものはない」と言い切れる。「あるのだけれど、捜しても見つからない」のと「ないから見つからない」のとでは全く違う。これは実際に捜索をやった者にしか分からない。

器に関する情報が出てこなければシロである。Kさんが犯人であれば、必ずその周辺から器が出てくるはずである。被害者自身では、よそへ持っていけない物であるわけだから。だから、ここが判断のポイントである。私は「近くからサリン製造のための器、運ぶための器が出てこなければ、まずKさんはシロと見るべきだ」と言った。

先ほどのマンション内で主婦が殺された事件だと、三十歳の女性がパジャマ姿で玄関を開けるだろうかという点がポイントであった。捜査は、ポイントがずれると正反対の方向に行ってしまう。ゆえに捜査主任官は、いろいろな情報を見て判断しなくてはいけない。口で言うのは易しいが、実際は難しい。

●指揮官と捜査官との意識・判断の温度差

私が県警の鑑識課長だったころの話である。警察に入って四年ほどのころだったから、池袋警察署で刑事調査官を一年間やってはいたが、まだそんなに事件経験がない時である。二つの事例を挙げるが、一つは被害者に近い人間が犯人。もう一つは〝流し〟の犯行だった。これが二つとも、ベテランの捜査員と私の判断は反対であった。

一つは強盗である。一人暮らしをしている若い女性宅に、夜中に強盗が押し入って、緊縛の上、小銭を盗んでいったという訴えである。

現場は〝二戸一《にこいち》〟の住宅。〝二戸一〟というのは、二軒長屋の住宅であるから、二軒とも同じ造りである。二階建てで、一階の玄関の真裏にガラス戸がある。本来は玄関から出入りするようになっているが、ガラス戸からも出入りができる。ガラス戸の外は、砂敷きの土間となっている。犯人はここから侵入した。犯人のものと思われる足跡がある。

隣は夫婦と子供の三人家族であった。隣にも同じ裏口の土間に足跡があったことから、隣の主人が言うに、「そう言えば、うちも夜にガタガタと音がしたのですが、うちは鍵《かぎ》がかかっていたから、それで中に入ってこなかったのでしょうか」という理路整然とした説明であった。

この人はとても親切な人で、警察官が行った時に「お巡りさんもいろいろと大変でしょう。隣の現場を見なくてはいけないでしょうから、どうぞ私の家を使ってください」などと言って、お茶を淹《い》れてくれたりしていた。

私が現場に行った時は、すでに捜査活動を行っているところであり、経験の少ない私があまり口出ししたり手出ししたりしてはいけないので、鑑識課員の仕事ぶりを見ていた。鑑識課員は家の外の指紋も採ったりしていた。しばらく見ていると、どういうわけか、その隣人が親切すぎて何か変だなあという感じが生じた。

さらに、「子供が生まれたばかりで夜泣きをするので、私がよく眠れるように妻と子供は二階で寝て、私は一階に寝ていました。だから、私だけが物音に気付いたのです」という話もあった。

警察犬を使ってみると、隣人宅の裏口で座り込んでしまう。その後も捜査が進むにつれて、「隣の人が怪しいのではないのか」と率直な感想を持った。そして、どうもおかしいと思う疑問点が五つか六つくらいあったので、署に戻って捜査一課長と「これはちょっと署に呼んで調べてもらった方がいいのではないか」などと話し合った。

一課長のほうで、ベテランの刑事に取調べを担当させる段取りをつけた。そして、後で一課長を通じて聞いたら、その刑事は「調べたけれど、特に不審はない」とのことであった。

私は、「感触としてはどうでしたか。署に連れて来る時の様子はどうでしたか。素直に来たのですか」と尋ねたところ、「いや、署には連れて来ていない。向こうに行って調べて来た」というのである。

私は率直に「えっ!」と思った。連れて来る時にどう反応するか、取調室に入った時にどう反応するかを見たいのである。ただ聞けばいいというものではない。取調官が相手を疑っていないからこうなるのである。

それで、なぜ、署に連れて来なかったのか、よく聞いてみると、「指紋を比べるのであれば、旦那《だんな》と奥さんの二人分を採らなくてはいけないから、署に連れて来なかった」というのである。私は「うわー」と思ったものである。このような時には、詳しく意図を言い聞かせなければいけないと痛感した。

ちなみに、この事件は、その後、その男が「すいません。指紋まで採られたらもう逃げられません」と言って、現場に残した足跡となったサンダルを持って出頭して来てくれたので、解決することができた。サンダルは自宅の下駄箱に隠してあった。

刑事は少し性格が悪い方がいいのかもしれない。残念ながら、人の親切も少しは疑うくらいの気持ちを持っていなくてはいけないのかもしれない。

もう一つは、第一編でも触れた〝流し〟の犯行だった事件である(第一編「犯人を捜すより犯人を知り得る人を捜す」参照)。

農道に止めていた自動車内で話し合っていたアベックが襲われ、男性が刺殺され、女性が強姦《ごうかん》された事件であったが、多くの関係者は、被害者に近い筋の者をホシだと思い、何人かの人は遠い筋で〝流し〟の可能性が強いと見ていた。〝流し〟の事件は難しいから、ついつい、人は楽な方に行きたがるものである。

事件によっては近いところにホシがいたり、〝流し〟のホシであったりする。なぜ違った判断になるのか。なぜ違った方に重点を置くのかということは、なかなか〝曰《いわ》く言い難し〟なのである。

プロは違いが分かる。反対に、アマは違いが分からない。なぜ違うのかというのも分からない。

音楽も一緒である。音の違いがすぐに分かる人と何回聞いても分からない人がいる。個人差があるのだ。もちろん、努力によって変わってくることもある。

では、そのあたりの判断力や決断力をどう磨くのであろうか。次の項から詳しく見ていくこととする。

Ⅲ　決断とは「捨てることなり」

●固定観念にとらわれない

普通、決断と言えば、決断によって何かを得ることだと思いがちである。ところが、「決断の本質というのは捨てることにある」。捨てられない人は決断できない。

決断力があるといって、何でも捨ててしまう人は困る。あまりにも思い切りがよすぎてもいけないのである。事件でも「まあいいや。清水《きよみず》の舞台から飛び降りたつもりで逮捕してしまえ」と思って逮捕してしまうと、後になってすべて台無しになってしまうこととなる。事件は、詰めるだけ詰めてやらなければならない。決断とは捨てることであるが、ただ、闇雲に捨てればいいというわけではない。ある人が、最高幹部にとって最も重要な資質は「簡単に決断しないことだ」と言うのを聞いたことがある。逆説的であるが、含蓄のある言葉である。

寺尾さんは、九州管区警察局公安部長の職に在った際、休みの日を利用して教会に行き、牧師さんのいろいろな話を聞いていたそうである。

その牧師さんは、ある映画のビデオを寺尾さんに貸してくれたそうだ。ホイットニー・ヒューストンという黒人女性が主演の「天使の贈り物」という映画のビデオだそうである。

その映画の中で、ホイットニー・ヒューストンの夫が牧師をしている貧しい教会があって、信者はあまり献金してくれない。〃倒産〃寸前の状態だった。そこで、牧師が「神様どうか教会を助けてください」とお祈りをしたところ、クリスマスの日に若い黒人の男が天井から落ちてきた。この人は「私は天使です。教会を助けてあげます」と言うのである。

すると、牧師が、

「どこに羽があるんだ、どこに頭の輪っかがあるんだ」

と言う。それを聞いて天使が何と答えたのか。

「誰が天使に羽があることを決めたの？　誰が輪っかがあると決めたの？　そういう固定観念にとらわれていることに、あなたの間違いがある」

天使に羽があるのかないのか、頭に輪があるのかないのか、誰も分からない。そもそも、「天使などいるのか」と思っている人の方が多いのであろうから。このような例を出して、寺尾さんは、固定観念にとらわれてはいけないという話をしている。

ただ、固定観念とはなかなか難しい話で、私は「ある程度、固定観念にとらわれることが必要ではないか」という気持ちも持っている。

全く非常識で固定観念にとらわれないのと、常識的な知識、経験があった上で、固定観念にとらわれない場合とは違う。

知識も経験もなしに固定観念にとらわれないというのはダメである。それなりの経験を積み、知識を得た上で、なおかつ、それだけにとらわれないというのが、固定観念にとらわれないという意味である。

●私心を捨てる。その前に野心を持つ

それともう一つ、寺尾さんは、私心を捨てることが大事だと言っている。

いいところを見せてやろう、課長の鼻を明かしてやろう、去年は隣の係にやられたから、今年はうちが第一号を挙げてやろう、調べで落としていいところをみせてやろうなどといった気持ち

のことで、

そういう私心があると、まず、ほとんどが失敗します。

と寺尾さんは言っている。

でも、これは、どうなのだろうか。私の意見であるが、人間はある程度のところに行くまでには、私心というか野心があった方がいいのではないかという気がする。

若い時から私心もない、野心もない、野望もない人格者というのは、どうなのかなあという感じがする。やはり、背伸びをして壁（天井？）にぶつかって、だんだんと丸くなる。最初からまろやかな人は大成しないのではないかと思う。

ノーベル賞を取るような人は、若いころは変人・奇人だった人が多いとよく言われる。うぬぼれが強く、俺が一番だという自負心を持っている人が多い。それが、ノーベル賞を取ったりして、そこそこの年齢に達するとそれなりに丸みを帯びてきて、円熟味が増してくる。

だから、私はある県警は、全体の印象として、ちょっと丸みがある人が多すぎると思っていた。上司の立場からすると、丸みがある人が多いほど楽なことは楽なのであるが。

私は、よく「出る杭《くい》は育ててほしい」と言っていたが、本音としては、全部が出る杭だったらたまらない。こっちが右と言っているのに「いや、左だ」、左と言ったら「いや、右だ」と反対の方を言う。「上司の言うことをいちいち聞いて、仕事ができるか」とみんなに言われたら、これも困ってしまう。これも、程度の問題である。

ただ、人を率いて動かす、例えば殺しの場合、刑事部長や捜査一課長という立場であれば「自分がいいところを見せてやろう」というような私心を持っていると、確かに全体として失敗することが多いというような感じはしている。だから、私心を持っていると判断を誤るので、私心を捨てなさいということを寺尾さんは言っているのである。

●すわ、殺人事件と思いきや……

この私心と固定観念にとらわれて失敗した具体例として、寺尾さんは、川底に人間の首が落ちていた事件の見立てを誤ったという話を挙げている。

板橋の管内で、「川底に首が沈んでいる」という一一〇番通報があった。どうも、それはイラン人の首のようだという。その一か月くらい前に、国立大学の助教授が首を切られて殺害された事件があった。被害者は、サルマン・ラシュディが書いた『悪魔の詩』という本を日本語に翻訳した人であった。

宗教上の理由で死刑にすると警告を受けていたというのを私も知っていました。被害

者がイラン人と言うものでしたから、これはこちら（東京）にも来たかなと思って現場に行きました。

現場から十五、六メートルくらい離れたところに、首から下も川底にありました。遺体を引き揚げて合わせてみると、間違いなくピタッと合いました。それで、東大の先生に見せたら、鋭利な刃物で切断されたものということでした。皮膚組織はきれいに切れていました。ただし、頸骨だけは折れていました。直感的に殺人事件だと思いましたが、死因がよく分からない状況でした。当然、司法解剖しました。

私はその時に、機動捜査隊に、川の周辺を二、三キロメートルほど上って、投げ込んだ時の痕跡《こんせき》などがないかどうか調べてくれと言いました。

これは当然の処置である。どこから川に投げ込まれたかは、重要な捜査事項である。

それで、機動捜査隊も見てくれて、何もなかったという報告を受けていました。そこで、東大の先生も心配だったのでしょう、首はきれいに切れているが、折れているという話をされました。

その時、私はおかしいなと思いました。きれいに刃物で切って、なぜ頸骨が折れるのか。だいたい、どうやって折るのかと。

でも、殺人だと思っていたので、「まあいいや」と思っていました。

また、当初、顔を見てイラン人と思っていたのですが、調べてみると遺体は日本人でした。その日は、殺人並びに死体遺棄事件特別捜査本部を立ち上げ、一課長が各社を呼んで会見をした。私も立ち会いました。

会見の様子がテレビで放映された後、電話が掛かってきた。テレビを見た人が、どうもうちの息子に似ていると。ノイローゼだった息子に似ているという連絡がありました。一瞬、ヒヤッとしました。そして、その電話の主の住所地を地図で見てみたのです。すると、現場の川上へ移動したすぐ川の側でした。

これはちょっと、やばいなあとすぐに思いました。すぐに現場鑑識を呼びまして、その息子の家の近くの橋をもう一回見てくれないかと言いました。その後に現場鑑識から、すぐに来てくださいと電話が掛かってきました。駆けつけたら、橋の上にワイヤーロープが二、三メートルぶら下がっていました。それに毛と肉片が付いていました。

これを見て、「失敗したなあ、参ったなあ」と思いました。調べたら間違いなく被害者と一致しました。要はそのワイヤーロープにビニールがくっついていて、それがよじれていた。これが飛び降りた時に首に巻き付いて落ちた。

ワイヤーロープに引っかかったのである。ワイヤーロープで首をくくろうとしたのかもしれない。ワイヤーロープというのは、体重がかかれば、スパーッと切れてしまう。それで、首が飛んでいるのです。これは殺しではない、自殺だったのである。

ワイヤーロープが刃物と同じ働きをしたんです。スパーッときれいに切れたんですね。衝撃で頸の骨が折れた。自殺ですね。後で実験もしました。

仕方ないので、捜査一課長が翌日、「昨日の事件は自殺でした」と発表しました。顔見知りの記者も多いのですが、ある記者が「自殺は分かったのですけれど、自殺を見抜けないで特別捜査本部を作った失態の責任はどうなるのですか」と言ったのです。こちらが悪いのですから人を恨む筋合いはないのだけれど、武士の情けのないやつだなあと思いましたね。「いやあ、参ったなあ」と思いましたねえ。大恥をかきました。

私はそういうことを恥だとは思わない。むしろ、事案を大きくとらえて詰めていって、それが自殺だと分かれば、それはそれでいいと思う。しかし、捜査一課のプロというのは、このような誤りにわだかまりを感じるのであろう。

他県でも似たような事件があった。ある署で、ある暴力団組員が、頭にけん銃の弾が一発当たって死んでいた事件で、殺人事件の捜査本部を置いた。しかし、実際は殺しではなくて、暴発事故という結論だった。

死体の脇にけん銃が落ちていた。握っていたのではない。その側に乾いた血を拭《ぬぐ》ったような跡のあるトレーナーがあった。警察が認知したのは、死後、数日経ってからである。

私は現場を見て、これは殺しだなと思った。詳しい状況は専門家が見て、その結果を私の所に持って来た。書類を見たら、現場で私が見た血の付いたトレーナーが押収手続の中に入っていなかった。けん銃はもちろん、領置している。血の付いた衣類も当然領置するはずである。それが領置手続をとっていない。

なぜ領置しないのかを尋ねてみたら、「いや、ちょっと問題があるのです。あれは、事後に触った形跡があるから、ひょっとしたら捜査員か誰かが触った可能性がある。だから、押収するのを控えています」と言う。

「ちょっと、待って。現場に行った時にそうなっていたのだったら、そのとおりにしてもらわなくては困る。後で警察官が触ったものとして解明したのであれば、それはそれでいい。実況見分した時の事実はきちんと押さえておかなくてはいけない」

と言って、押収させた記憶がある。こうした経緯があって、殺人事件の捜査本部を設けたが、後に分かったことを基に事案を再構成すると、実際は以下のようなことだった。ある暴力団組員の若い連中ら三人が、敵対する暴力団の組本部に何か仕掛けて、一泡吹かせてやりたい。爆弾を投げつけようか、けん銃を撃ち込もうかと考えていた。そして、アジトとしてアパートの一室を借りて計画を立てていた。その時に兄貴格の者が他の二人に「お前ら、けん銃を撃ったことがあるか。度胸だめしをしてやろう」と言って、ロシアンルーレットを始めたのである。

このロシアンルーレットは慣れてくると、弾倉の回り方や撃鉄、引き金の引っかかり具合で、弾倉のどこに弾が入っているのかが分かってくるそうである。度胸だめしと言いながら、弾がいつ出るかが分かっているのでは、詐欺師のようなものである。

弾が入っていない時に「パチン」と自分で撃っておいて、次に「お前、撃ってみろ」とけん銃を手渡す。そんなことを知らない者は「いや、私は結構です」となる。それで兄貴が「俺がもう一回やってやる」と言って撃つ。それで本当に弾が出てしまった。それで、死んでしまった。大要このような筋だった。

他の二人は、慌てて逃げ出したが、逃げる際に警察に見付けてもらおうとして、一一〇番通報をしている。その時に慌てているものだから、アパートの名前なり町名を間違って言ってしまったので、警察に見付けてもらえなかった。翌日の新聞を見ても載っていない。

それで、心配になって、知り合いに相談した。すると、「けん銃を置いてきたら銃刀法違反でパクられるぞ。取って来い」と言われ、わざわざけん銃を取りに行った。浅はかであるが、けん銃を持って来る。

その時にけん銃を握ったまま死んでいる兄貴の手からけん銃を取ろうとしたのだが、自分に血が付くのが嫌だから現場にあったトレーナーを手に当てて取ったのである。だから、乾いた血がトレーナーに付いていたのは、その時に付いたものなのである。

そして、知り合いの所に「けん銃を持って帰って来た」と言ったら、他の者に「お前、馬鹿か。殺しの犯人にされちゃうぞ。そのままにしておけば銃刀法違反だけですむのに、それはまずいぞ」と言われ、また返しに行ったというわけである。

しかし、死体はけん銃を握ってくれない。握らそうとしても握ってくれない。そして、けん銃を脇に置いて来た。そういう状況だったのである。

「殺しじゃなかったなあ。しかし、別に見立てを間違っても、事件を事件でないとみたわけではないのでどうということないのではないか」と、修行の足りない私には思えた。

●不自然なものを排除する危険性

ちょっと余談になるが、犯罪現場には、犯行後関係者だけでなく、大勢の警察官が出入りする。第一報を受けた警察官（交番やパトカーのお巡りさんであることが多い）、警察署の刑事、鑑識、事件が大きそうなら署長や本部の機動捜査隊、鑑識、捜査一課や組織犯罪対策課などなどである。それぞれの者が何らかの判断をするために現場を見る。現場保存も大切であるが、事件の大きさをはじめ、最初からすべてが分かっているわけではない。幹部を呼ぶか呼ばないかの判断をするためにさえ、現場を触り、若干の変更をせざるを得ないこともある。

つまり、正式の鑑識活動の前に、現場が変更されている場合がある。私も、現場保存の段階で、仏様のズボンの後ろポケットから身分証明書を見て確認しておいて、また戻したことがある。しかしながら、実況見分は見分した事実どおりでなければならない。変な推測を働かせて、これはやめようなどとしたりしてはいけない。最悪の結果となってしまう。

不自然だと思われる状況が出てきた時には、なぜ、不自然になっているのかを解明することが大事である。不自然なものを排除することは一番危険である。それが非常に有力な証拠や決め手となったりする場合がある。

ちょっと脇道にそれたが、寺尾さんの優れているところは、そういった恥をかいた時に、このようにワイヤーロープで人が死んだ事件が過去にもあったのかどうか調べているところである。二件あったようである。

一つは、配達員がバイクで農道を走っていたら、誰かがいたずらしてロープを張っていたのが首に引っかかって首が飛んでしまったものがあります。

もう一つは、随分昔に、自動車で首にロープを巻いてアクセルをふかして、首が飛んだ例があります。

その時に私は言いました。「俺が現職でいる間には同じようなことは、おそらくないだろう。ただ、我々が辞めてから何十年かして、また誰かが間違ってしまわないか。間違わないようにするために何か残しておいてやらなければいけないな」と。

●現場保存と速やかな判断のジレンマ

それから、見立て違いではないが、ちょっとした経験、知識があれば、判断が遅れなかったという話がある。

道路の端に死体があると通報があった。事件か交通事故かは分からない。背中に入れ墨を背負っている。最初は両面で捜査する。私も現場に見に行くと言ったところ、「刑事部長（岡田）が捜査一課長よりも先に現場に来ないでください。仕事がやりにくくなってしまう」とのことだったので、一時間くらい待っていた。それでも、何も言って来ないので現場に向かったところ、その途中で、遺体を署まで運んで行こうとしている車とすれ違った。

私は、先に仏様を見てみようと思い、署の裏庭で実際に遺体を見た。服を脱がせている際、その傷口を見て、私は「これは、けん銃じゃないのか」と聞いた。

すると、「まだ、分かりません」という返事であった。

「けん銃だよ。なぜ、暴対（暴力団対策課）を呼ばないのか」

と言うと、

「入れ墨を背負っていますが、まだ、なんで殺されたのか分かっていないので、暴対は今、待機しています」

「これはけん銃だよ」

私の言葉を聞いたある捜査員も「部長、私もそう思っていました」と言う。

というのは、仏さんは札束を胸のポケットに入れていたのであるが、その札束にきれいに穴があいているのを見て、またその札束をポケットに戻しておいたと言うのである。私も確認して、

「間違いないね」

と言った。二十二口径のけん銃で撃たれた跡というのは、刺したような傷口になる。細

かいことは忘れてしまったが、私の印象としては、体の傷口は前から後ろに向けて、非常にきれいな感じの小さな穴だった。

そして、暴対課長に電話し、「背中に入れ墨背負っていて、けん銃で殺されているのだから、暴対が来なくてはおかしい」と言ったら、すぐに来た。

「捜査一課の方がちょっと待ってくれと言っていたから来るのが遅れました」

と言っていた。

当時の暴対課長は「部長が見るまで、けん銃かどうか分からなかったのか」と怒っていた。この判断は難しい。現場を壊してはいけないという気持ちと、見るという行動が矛盾する。現場保存では、しかるべき人間が来るまで脱がしてはいけないとか、動かしてはいけないというのがある。

速やかな判断と現場を壊すことをできる限り控えるということ。どちらを取るのか、なかなか悩ましいものである。

現場を壊す一番の犯人は鑑識課員である。こういうことを言うと鑑識の人に怒られてしまうかもしれないが、警視庁で以前〝鑑識の神様〟と言われていた人がそう言っていた。「なるほど」と思ったものである。つまり、〝虎穴《こけつ》に入らずんば虎子を得ず〟という面がある。きれいごとだけで仕事はうまくいかない。何でも百点満点とはいかない。

ある判断をするために何かを犠牲にすることがある。それが、先ほど書いた「決断とは捨てることだ」ということになってくる。

ただ、これを意識的にやるかどうかというのが大切なのである。手袋をしたから現場をいじっていいというものではない。手袋をすれば自分の指紋は付かないが、他の指紋を消してしまう可能性は高まる。場合によれば、手袋をせずにいじった方がいい場合もある。意識をして気を付けるから。手袋をしているからいいと思っていじってしまうと、他の指紋を壊す度合いが高くなってしまうのである。

これは微妙な判断である。非常にデリケートな物を触るときは、むしろ自分の指紋がついてもいい。その代わりに、そこに付いている指紋はキチっと採る。何でもいつでも手袋をしてやればいいということではないと私は思っている。その時々の判断と決断が必要なのである。

●現場で生きる経験・知識

私がなぜ、二十二口径のけん銃で撃たれた傷口であると判断したのかというと、以前にガードマンが殺されたり、警察官も撃たれたりした連続強盗殺人事件があった時にさかのぼる。北海道での殺人事件が二十二口径のけん銃によるものだったが、その傷口が鋭利な刃物で刺されたものと判断を間違った事例があったからである。

解剖した先生さえ初めは間違っていたという。そういった記憶があって、私も現物ではないが、写真で二十二口径のけん銃で撃たれた時の傷口を見ていた。おかげで、この事件の時は、直感的に「これは二十二口径のけん銃で撃たれた」と思ったのである。

寺尾さんの話では、「被害者はイラン人だ。国立大の時と同じだ。二つの事件を解決してやろう。うちで片付けることができるかもしれない」という気が起きたと言っている。

意欲的な人であるから、私心が出てきた。ちょうど寺尾さんが担当するいろいろな事件が次々に解決していったころである。今まで難しいと言われていた事件をみんな片付けていったころである。だから、慢心もあったと言う。

このようなことから、寺尾さんは、

「固定観念にとらわれない」

「私心を捨てること」

が大事だと思ったと言っていた。

●人質立てこもり事件における判断と決断

寺尾さんが捜査一課長になってからの話であるが、男が、三歳の子供を人質に、家屋の二階に立てこもる事件があった。

郵便局強盗を敢行後の逃走中、一軒の家に飛び込んだ。そこには若い母親と一歳の赤ん坊と三歳の子供とがいた。母親は一歳の赤ん坊の方を抱いて二階から飛び降りて逃げたので、三歳の子供が残されてしまった。

子供は三歳ですから、子供の体力が続く限りは説得していこうということになりました。立てこもりの鉄則は、

「被害者の体力が続く限り説得すること」

で、今回もこの鉄則を守る方針でありました。立てこもりは、午後一時ころから始りました。その日は説得に応じない。次の日もダメ。夕方から夜にかかってくると、公安委員の先生方にもお医者さんがいましたから、「もう体力の限界です」と言っていたようです。当時の刑事部長でさえも電話で「そろそろどうだ。体力の限界ではないか」などと、みんな言ってきました。

ところが、第一線では突っ込むには、きっかけがいるのです。

刃物を持って子供を抱えているのであるから、突っ込んだことがきっかけで、刺された

りする危険性が常にある。福岡であった人質立てこもり事件は、刃物で刺されてしまった。突っ込むことがきっかけで刺されたものではなかったようであるが、突っ込むことがきっかけで刺されることの方が確率的には高い。

だから、「突っ込んだらどうか」と言われても、そう簡単に決断できるものではない。犯人が見えていて、ライフルで射程圏内にあるような場合であればいいが、そのような状況ではなかった。

犯人の要求は、けん銃をよこせと言っていましたが、説得を続けるうちに、けん銃をよこせとは言わなくなりました。次に女性警察官に運転させて車をよこせと言ってきました。このような状態が長く続くと、捜査員も疲れてきます。

「犯人の要求をいれて車を用意して勝負しましょう。子供を抱いて降りてきたところを一気にやりましょう」。きっかけを作って勝負しようと意見してくるのです。

だけど、仮に自動車を用意しても、立てこもりの場所が自動車の中に移っただけで、子供は連れていかれてしまうわけだから、立てこもりには変わりない。それと、そうやって車を用意して、細工して車のエンジンを止めたりして一気にうまく犯人を逮捕できればいいが、逮捕できず、子供も取り返せずに、引き続いてやらねばならなくなった時には、相手を騙《だま》したことになって相手が警察を信用しなくなる。そうなると、余計にやりにくくなる。

私は前に失敗した経験もありますから、それはやりたくないと頑張り、どうしても「中に突っ込むんだ」と言いました。

最終的に車を用意しないことにホシが怒って火をつけ出した。突っ込むきっかけができたわけである。突入し、若い刑事が犯人を耐刃防護衣で押さえ、無事に子供を助け出した。

結果的にはうまくいったのですが、この時にいろいろと意見を聞いていると、特殊部隊などの専門の者は、「外に出して勝負しましょう」と言ってくるのです。その時に「待て」というのは大変なことなのです。

じっと我慢するのは辛《つら》いのである。清水の舞台から飛び降りたくなってしまう。この判断も難しい。早すぎても遅すぎてもダメである。

結果から見ると、福岡の事件は遅すぎたといって、あれだけ叩《たた》かれている。私は、あのニュースを最初に聞いたとき、「早まったか」と思ったくらいであった。

特殊部隊のベテランが提案する「車を用意して途中でスキをみて犯人を逮捕する」というやり方をけって、経験の少ない課長が「中に突っ込むんだ」と言うことは、指揮官としては相当勇気がいることなのです。よほど、彼らの言うことを聞こうかなあと思ったのですが、それを前にやって失敗したことを知っていたので、次のように考えたのです。

自分の決断に対して、

「俺には本当に私心がないのかなあ、俺は逃げたいと思ってないのかなあ、いいところを見せて、警視総監に褒められようとしていないか。いや、そんなことは思っていない」

と、一つずつ検討するのです。

これで、俺には全く私心がないと思うと、決断も心配することなくできるのです。だから、外に出してやろうと言われた時に、「ダメだ！」と言えました。

彼らに「どうせ中に突っ込んでも、子供の首のところに刃物を突きつけていますよ」と言われた。実際に突っ込んだ時にそういう状況だった。

なお、寺尾さんの言う失敗した以前の経験とは次のようなものである。

不動産取引をやっている会社の社長宅に、以前から取引のあった男が、社長から金を奪おうと企て、社長宅に行った時、社長が不在だったので、お手伝いさんを人質に取って立てこもった。男はけん銃を所持していた。

その時に寺尾さんは捜査一課の管理官でいた。交渉中、男が「車を用意しろ」と言うので、外で勝負しようと車を用意する。それで、説得役の刑事が部屋に行って、部屋で説得した後、車に乗ろうと表に出てきた時に一気に勝負しようと、建物のあちらこちらに刑事を配置させていた。

だが、その時に、説得に行った刑事が先頭に出されてしまう。しかも、段ボール箱を持たされ手錠を掛けられて、おとりになって前に出て来た。その後ろを犯人がお手伝いさんの首にけん銃を突きつけて出て来た。飛びかかるタイミングがなかなかつかめない。その時に、隠れていた刑事が何か物音を立ててしまう。犯人が気付いて、けん銃を発射し、お手伝いさんに当たって死んでしまう。刑事にも当たって、一人が大けがをした。

その時に大けがをした刑事が、寺尾さんの話の立てこもり事件を指揮する警部であった。

その失敗の後に、先輩から「昔から人質のある事件は外に出すな。中で勝負しろ、というのが今までの伝統だぞ。なぜ出した」と言われた。我々は先輩から、「人質は外に出

すな」と教わってきた。これはなぜかと言えば、我々が突っ込めば、男は怯《ひる》むだろう。「怯んだ隙をねらえ」と、先輩は教えてきたのではないか。

ということで、寺尾さんは、いくら部下が言ってきても言うことを聞かなかった。そして、犯人が部屋に火をつけた時に突っ込んで、うまくいった。

これもまた悩ましいことである。階段を降りて来たときに突っ込んで殺されてしまうこともあるだろうし、待って突っ込んでも殺されてしまう可能性もある。

ただ、これはなかなか言えないことであるが、一般的には警察が犯人を動かして殺されてしまった場合は、警察に対する打撃・批判がより強くなる。

「判断を間違った。動かさなかったら死なずにすんだのではないか」

と言われる。

責任逃れのようなことを言ってはいけないが、動かして死んだ場合と動かさずに突っ込んで死なれた場合とは意味が違う。

また、時代の変化や国によっても違ってくる。かつてわが国は、人質を助けるため犯人を射殺した警察官が、一部世論の激しい批判に遭って、自殺に追い込まれるようなことさえ起こった。モスクワの劇場では観客八百人以上が人質にされ百何十人が死んでいる。使ったガスが何であったのか、ガスで死んだのか、乱射して死んだのかなどといった様々な要素があるため、いろいろ批判があると思う。

しかし、助かった人も五百人なり六百人がいるのである。そういう重さの判断が微妙に変わってくることもある。その時は、仕方ないのである。誰かが腹をくくるしかない。一課長が腹をくくるのか、刑事部長が腹をくくるのか本部長が腹をくくるのか、どうなるのか分からない。なかなか一概には言えない。

しかし、その時に「俺はここでいい格好しようとは思っていない。被害者の安全を確保するために最も大事なものはそれなんだ」と、思ったのかどうかということが大事なのである。

当時、理事官に、「今から子供の父親のところに行って、これから突っ込むので、もしかして子供さんが死ぬかもしれないと言ってきてくれ」と言いました。理事官も「分かりました」と言って行きましたが、すぐに「言ってきました」と、帰ってきました。たぶん、言っていませんね。

そんなこと言えるわけありません。ですから、自分で言わなくてはいけないと思い、父親のところに行きました。そして、「どうしても説得に応じませんので、今から突入します」と言いました。でもやはり、子供さんが死ぬかもしれません、とは言えません。「突入すると不測の事態があるかもしれません」と言いました。そんなことを言っても許されるわけがありません。気休めです。

父親がその時に私に言ったのは、「よろしくお願いします。私たちは警察のことを全面的に信頼していますから」ということでした。

万が一の時、被害者に納得していただくための手立てをつけるということも時には必要である。自分たちのことばかり考えていてはいけない。この場合、やはり一番大切なのは被害者の家族である。

兵庫県で、以前、乳児の誘拐事件があったが、乳児の安否が不明の段階で報道協定解除の申し入れをする時に、私が重視したのは、「被害者がどう思っているか」であった。

年末十二月二十七日午後、生後三か月の乳児が誘拐された。身代金の要求はないが、寒い時期でもあり、報道によって外に放り出されて置き去りにされるというような不測の事態も起きないとは限らない。そこで、報道協定をお願いした。四十八時間後に解除となったが、解除の申し入れをするときには被害者の意向を重視した。

この誘拐では万が一のことは考えにくくなったが、完全にそのおそれがなくなったわけではない。タクシー運転手の目撃状況などから、子供がかわいくて連れて行っている。犯行から二、三日経過し、犯人の気持ちも落ち着いているだろうから、不慮の事態が起こる危険性は少ないだろう。最後の目撃が姫路駅なので新幹線を使ってどこか遠くに行き、広域捜査をしなければいけないかもしれない。

このように、早く見付けるために情報をオープンにしたいが、万一のことも考えられるという両面の要素がある。そのあたりを踏まえた上で、

「被害者の親御さんがどう思っているか確認してくれ。その親御さんの意向を踏まえて、我々はマスコミとの対応に当たる」

という判断をしたことがある。もちろん、被害者を説得するということもあり得る。こういった時の判断では、寺尾さんはつくづくすごいと感じた。寺尾さんは殺しの捜査には慣れているが、人質事件はあまり経験していない。立てこもりは部下の方が専門家だった。

刑事には、ベテランだとか経験を求めたがる傾向があります。しかし、ＳＩＴ（Special Investigation Team：特殊捜査班）は経験だけでは不適格であり、体力がなければ任務をこなせない。五十歳を過ぎた人が「昔取った杵柄《きねづか》」で、「二階に上がって飛び

込め」と言われてもできるわけがない。理屈では分かっているが、体が動かない。だから、警視庁はＳＡＴ（Special Assault Team：特殊急襲部隊）の経験者で若手の人を一部ＳＩＴとして使っているのです。

Ⅳ　質の良い経験を積む

●単なるラッキーでは終わらせない

では、寺尾さんのような判断力と決断力を身に付けるためにどうすればよいのであろうか。判断力・決断力は、すべて先天的なわけではない。いろいろと考える（勉強する）ということや、経験も重要な要素になる。

寺尾さんは、

「質の良い経験を積む」

という非常によい言葉を使って表現している。

S署管内で個人タクシーの運転手が殺されて金を盗まれた事件があった。この事件では、タクシーの中にタオルが一本残っていた。このタオルを見たら「省（仮名）」と書いてある。被害者の奥さん、子供さんを呼んで見せたら、これは絶対に工人や父のものではない、ということであったので、犯人が落としていったものである可能性が高くなった。そのタオルの捜査をして、配った場所からたどっていったら、「省」というのは、犯人の長男の名前であることが分かり、二、三週間でホシが挙がった。

捜査を行った係が引き揚げてきた時に担当の係長に「よかったな。ところで、タオルが落ちていなかったら解決していたか。そのことを検討したか」と聞きました。すると、「検討しました。タオルがなかったら〝お宮〟だったと思います」と言う。その理由は、「ホシは地取り[※1]の範囲に入っていなかった。他にもいくつかの要因があった」という話があった。経験というのはこういうことなのです。

今回はうまくいったのが、違う条件であればうまくいかなかったのではないか。こういうところは危なかったのではないか。

また、逮捕後、犯人は逃走方法、盗品等の処分方法など、いろいろなことを話してくれる。それを踏まえて、その話を聞く前に、自分たちがそれを捜査していたのかどうかを検討する。それが「質の良い経験」ということである。

事件が片付いたから、ああよかったと言って一杯やって、「賞詞[※2]は誰だ、賞誉[※3]は誰にしてもらおう」というだけでは良い経験にはならない。「質の良い経験」を積み重ねることによって、能力が上がっていくのである。

犯人というのは、ある意味で〝先生〟です。後で皆さん方の捜査は間違っていますと回答を教えてくれます。逃走方向だとか、凶器の購入場所だとか、犯行の方法だとか、犯人の気持ち、心理状態とかいろいろなことが分かる。それをもう一回検討しながら、捜査のどこが足りなかったのかを指揮官になれば少なくともやっていただきたい。そのことによって、その人は磨かれていくのです。事件が挙がった時に酒を飲んで、万歳して終わるだけではダメなのです。

※1　犯罪現場を中心とする一定範囲の地域から、犯人の足取り、遺留品などの各種捜査資料を収集する捜査方法。
※2　警察職員として多大な功労があると認められる者に対する表彰。ランクが高く、特別昇給を伴うことも多い。
※3　表彰の一種で、賞詞よりランクが下がる。

●経験を質の良いものに高める努力

また、「質の良い経験」を積んだ事例とは逆の事例も挙げている。

泥棒を職務質問したある警察官が、刺し殺されて殉職した事件が発生した。当然、捜査一課が捜査に当たり、寺尾さんも捜査一課出身なので、その捜査を興味深く見ていた。寺尾さんは本当にすごい人だし、センスのいい人であることがこのあたりからも分かる。この時、寺尾さんは捜査一課にいたのではなくて、所轄の警察署にいた。警視庁は捜査本部ができると、全警察署に捜査本部の設置と事件の概要を知らせる。

捜査本部からホシの体格などの特徴が書かれた手配書が回ってきました。ちょっと小太りの男だった。そこで、署員にアンケートを出しました。「今まで貴方《あなた》が職務質問してきた中で抵抗されたことがありますか」という内容でした。署員の中で一人だけ、抵抗されたので格闘して捕まえたことがあるという。一応、情報の一つだということで、それを捜査本部まで持って行きました。その時逮捕していたのがホシだったのです。

普段、努力している人というのは、こういうのが「当たる」のであろうか。

ところが、情報で上げた男の体格はガリガリの痩《や》せ男で、手配書の人相とは、まるで違っていた。被害者である警察官は殺されているから、この手配書は何を基に作られたものなのかは分からなかった。

その後に寺尾さんは、その署から捜査一課に転勤になったので、その事件の担当幹部に尋ねた。

「あの事件のホシは、なぜ捜査本部で書いた似顔絵と随分違っていたのか」

「挙がったんだからいいじゃないですか。その話はやめましょう」ということだった。

どうして間違ったのかと嫌みで言っているのではなくて、そういう事項を検討するのがよい経験につながるのです。ただ、ホシが挙がったというだけであって、大事な〝宝物〟をそのままにしている。こういうことを反省して積み重ねていく経験が「質の良い経験」と言うのです。そういうものを幾つか重ねなさいと私は言っているのです。

失敗の話をしたくないという気持ちは分かる。しかし、「挙がったのだからいいでしょう」ではなくて、なぜそのようになったのかを考えて、二度と同じことを起こさないようにするということが、経験を生かすということである。

明石の歩道橋事故で「なぜ、前年末に同場所であった『カウントダウン』の経験を生かせなかったのか」と批判をされている。大晦日《おおみそか》の「カウントダウン」の時に混雑して大騒ぎになった。しかし、結果的には大きなけが人などはなく、無事に終わった。そういう時こそ、あれだけ人が集中したことをどうとらえるか、という反省の心が必要なのである。第一編で述べた、ハインリッヒの法則である。

その時に「今回は無事に終わったが、この場所は危ない場所だ。後の人に分かってもらえるよう引き継がなくてはいけない」と、少し思った人はいたのだろうが、強く思ってくれる人がいたならば、違った結果になり得たわけである。

もう少し想像力を働かせて「次の人がやる時には、こんなことがあるのではないか」と、経験したことを質の良いものに転化をして残していく。そういう努力をしなければ、組織は強くならない。そういうことが大事である。

最近、ある県で女の子が乱暴され殺された事件があった。犯人はかつて隣接府県で、女の子に乱暴して首を絞めているところを、通行人に見付かって逮捕されたことがあった。今回の事件の後、前の事件を担当した刑事に「他県の事件ではあるが、今回の事件発生時に、前の事件の犯人が思い浮かばなかったか」尋ねてもらったが、関連性には思い及ばなかったとのことであった。

V　難しい事件への挑戦

ここでは、「難しい事件への挑戦」ということをテーマに取り上げる。

重大事件だと思われる事件、人からはとても苦労してやっているのだろうと見えても、意外と順調に進んだ事件もある。反対に、本当に難しい事件に直面することもある。一般論のような形で寺尾さんは次のように言っている。

途中で事件を引き継ぐことがある。必ずしも最初から携わるわけではない。今までうまくいかなかった事件を自分が引き受けることになる。そうすると、どうしても気持ちの燃え方が少ない。

しかし、難しい事件で前から未解決になっている事件であれば、逃げないで挑戦することが大事です。難しい事件に挑戦することによって、判断力が身に付いていく。

このように引き継いだ事件、例えば、一年、二年、場合によってはもっと長く捜査していても解決していない事件では、行った時には手掛かりがほとんどないのです。とっかかりがないのです。あるいは、疑わしい人間がいても攻めきれない。そういう時には、全くゼロの状態から考えていく。全く白地の姿で既存の資料等を見て考えていく。そういうところから、「何とかしよう」とすることによって、捜査指揮官としての判断力が養える。

その中で寺尾さんは、

「法医では〝血液〟と〝胃の内容物〟と〝尿〟が三種の神器である」

と言っている。それだけ、分析技術が進んでいるということである。

このほかに臓器はどうかとか、脳は犯罪捜査にどのように役立つのかなど、難しい事件をやることによって新しいことを考えていく。幅を広げて、とにかく自分が使えるものは何でも使おうとしていくので、判断力も高くなっていくし、捜査手法の幅も広がっていくのです。

●検察官との関係・意思の疎通

私は、警察署で盗犯捜査をしていた時から、多くの警察官が検察の指揮を受けて仕事をしていると思っている実態に対して疑問を持っている人間である。当時、署の刑事課長と一緒に検察官のところに行って、事件の説明をして「それで、どうしましょうか」と聞くので、私はびっくりして「課長、ちょっと待ってください。我々はこうしようと思っているのです」という趣旨の話をしたことがある。

相手によっては、顔色を見て事を進めた方が早いこともある。これは、上司との関係でも同じである。上司に説明して、できる限り「自分ではこうしよう」ということを言わないで、相手の顔色を見ながら、「それでどうしましょうか」と言う人がいる。このような人は、多くの場合上司の信頼を失うと思う。

しかし、念のため補足するが、これは「連絡をするな」「意思疎通をするな」という意味ではない。自分というものを常に持つ努力をした上で、早めに連絡をしたり、早めに調整をしたりする。上司も言えばすぐに分かるわけではない。まず、何か物事を考えて仕事をしようとする時は、はじめは上司より自分の方が圧倒的に情報が多いわけである。もちろん、事件についても、最初に情報を持った、実際にやっている警察官の方が検察官よりも知識を持っているはずである。持っているにもかかわらず、簡単な説明をしただけで、

「どうしましょうか」と言われたら、検察官も相手に対する信頼を一般的には失う。誰が捜査に責任を負っているのかも分からなくなってしまう。

だから、「こういう理由で、我々としてはこう考えています」だとか「自分としてはこうです」と言うと、検察官から「もう少しここを詰めたらいいのではないか」「これはどうなっているのか」といったやりとりができる。

検察官も専門家であるから、最初は出遅れていても、ある程度時間が経てば、様々な知恵が出てきて、段々と形になっていく。そういった意味で、検察官の知恵を借りる、知恵を出し合うことは非常に大事なことである。その観点から難しい事件の時は、早いうちから話を持って行く。話を持って行くというのは「どうしましょうか」ではなくて、「今、こういう事案を抱えていて、こういうことをやったり、ああいうことをやったりしている」と予備知識を持ってもらったり、顧問弁護士のように「知恵を貸して欲しい」(ただし無料相談?)というようなことである。

このようなやりとりによって、お互いの意思が通じていく。そうすると、早いうちからいろいろと話を聞いている検察官も、事件が可愛くなってくる。だから、一緒になって考えようという気になってくるのである。

しかし、突然に「捜査の責任は警察にあるので、これを身柄でやります」と持って行ったら、検察官も「ちょっと待ってくれ。起訴する、しないの判断はこっちで決めるのだから、そんなに急に持って来られても困る」と、へそを曲げる人も出てくる。

検察官にもいろいろな人がいる。また、都道府県によって、警察・検察の仕事の仕方、伝統に違いがある面もある。しかし、多くの場合、検察官への連絡や知恵の出し合いは、できるだけすべきだし、したほうがよい。

●不祥事案時等の対応

不祥事やそれに近い事案があったときも同様である。早めに本庁や上司に相談しておくと、事が重大になってきたときに、味方になってくれる。人間というのは、多くの人は、知らないうちに何か起きれば「俺は聞いていないぞ」となる（私の趣味ではないが）。そうすると「監督者も一緒に処分してしまおう」という気になる人がいないわけではない。しかし、あらかじめ聞いていれば「当事者の責任はきちっと問わなければならないけれど、幹部の事後対応は悪くないから、監督責任まで厳しくすることはない」となることもあり得る。

しかし、そういうことをあまり意識しすぎて、例えば、外部やライン外の有力者に話をしてからでないと政策がやれない。へそを曲げられてしまうと何もできない。しかし、話してしまうと外に漏らされてしまうので、本当の仕事ができなくなる、ということもある。

そのような状況があると、独断専行型の人間が出てきてしまうおそれが生じる。独断専行にも一長一短がある。敵を作ってしまうと非常に苦しいということもある。私は、自分の「信念」を持っているのであれば、そういう生き方の方が好きではある。

何でもかんでも腹を割って話せばいいというわけではないが、しかるべきポイントの人と相互に信頼できる意思疎通をしていなければ、仕事がうまくいかないということである。

●ビール券の重さ

昭和五十三年、五十四年、寺尾さんが警視庁捜査一課の係長だったころにあったノックアウト強盗の話である。

酔っぱらって歩いている人を、いきなり後ろから殴って、ノックアウトして、金を盗る強盗で、犯人は二、三人などの複数のことが多い。被害者は酔っぱらっているので、全然覚えていない。だから、なかなか捕まらない。

東京で毎日のように発生し、そのうちに神奈川に飛び火をして、その後、仙台などに広がっていった。被害者の中には死に至った人が三人いて、重傷者もかなりいたから、強盗致死並びに強盗致傷事件の捜査本部が上野警察署に置かれた。二人の犯人が多くの犯行を行っていたが、その他にもグループがあって、十何名かを逮捕した。それを、一つひとつ実況見分をやって立証して送致し、結構時間がかかったので、最初に送致した者は既に裁判になっている状況であったという。

全部で三百件以上あったでしょうか。送致したのは、全部ではありませんが、それを処理し終わるころに、一人の男を引き当たりで現場に連れて行った時の話です。東京都杉並区に阿佐谷《あさがや》という所があるのですが、そこの道路まで案内したところ「ここでやりました」と言う。ところが、それに当たる被害届が出ていないのです。探してみたら、関連するものとして、ちょうど二年前、そこで七十一歳の老人の変死事案がありました。管轄署では解剖をした上で、病死ということで処理されていたのです。

したがって、実況見分も何も残っていない。ただ、その時に家族が「私の父は病死ではない」と随分と言い張って、新聞にも投書したりして記事が出ていたと記憶している。

困りました。当時、私の上司と署長が「しかし、これは問題ではないか。今まで、三件の強盗致死や情状送致を含めて三百件以上を送っている。もう十分にやった。あと一件付け加えたとしても、量刑も変わらないだろう。しかも事件は難しい。昔の捜査に手落ちがあるのではと言われる。だから、これは見送ろうではないか」という話をしたようです。そして、上司から私は、「寺ちゃん、これは不送致にしよう」と言われました。確かに二年前の話だし、署には書類もありませんでしたから、「そうしましょうか」と言って私もそうすることに決めました。

当時、寺尾さんの部下にOさんという主任（警部補）がいた。寺尾さんは、Oさんからいろいろなことを教わったそうである。そのOさんが寺尾さんに

「なんで、やらないんですか」

と言った。

「これは難しいし、他の事件にも影響が及ぶとまずいから」

と、私が言ったところ、

「何を言っているんですか。捜査一課というのは、難しい事件をやるから捜査一課じゃないですか。難しいからと言ってやらないのであれば、何のために捜査一課に来たんですか。やらないなんて許されませんよ。被害者はどうなるんですか」

と言われたのです。

なかなか厳しい意見、厳しい部下である。寺尾さんは説教されたようだ。しかし、全く正論である。それで、ここがまた、寺尾さんの凄《すご》いところなのであるが、

「じゃあ、やろうか」

ということになったという。

当時は各警察署から応援をもらっていましたから、管轄署から来ている係長に、被害者宅に行って被害届を受理してくるように言いました。すると、被害者の家族は「今ごろ何を言っているんですか。二年前に私が行った時に何と言いましたか」と門前払いです。それで、二年前の様子を尋ねると、その係長は、

「当時のある幹部が、解剖で病死の疑いがあると出たものですから、被害者の家族が捜査してくれと来た時に『事件でもないのに捜査できるか』と怒鳴ったんですよ」

そのような経緯があるのであれば怒るであろう。仕方ないので、寺尾さん自身がその家に行った。管轄署には恨みがあるだろうが、捜査一課にはないだろうと考えてのことであ

る。

「捜査一課の寺尾です。私は、管轄署とは何も関係はありません。とにかく家の中に入れてください」と言い、なんとか家の中に入れてもらえたそうである。

だいぶ嫌みを言われましたが、何とか被害届を受け、後日、母親がいないので、結婚をして別居している兄を呼んで、被害調書を取りました。ここまでは何とかできたのです。

しかし、その後、検察庁に行ったら、検事が横を向いちゃうのです。

「証拠もないのにやれるかい」

と言って、口も聞いてくれないのです。

立場上、検事がそう言うのは仕方ない。

これは一般論であるが、検事にそう言われるのに警察官は慣れてしまって、一般の人に向かって「証拠がないのにできないよ」と受け売りする。

私は時々これを許せないと思うことがある。

検事は裁判にかけるためだから「証拠がなければできない」と言うのは当たり前である。

しかし、警察官は証拠を捜すのが仕事なのである。

「証拠がなければできません」

「事件になるかならないか分からないから捜査はできません」

そんなことを言うのなら、警察はいらない。最初から検察と裁判所があればいい。

寺尾さんはしぶとい人であるから、検事からそう言われても、なんとかここでやらないと、どうにもならないと思って日参したようである。


風呂敷《ふろしき》を持って、書類を見てもらいたいと日参していたのですが、何日か経ったある時に「ちょっとそこに置いてくれ」と言われ、そして次の日に行ったら、「分かった。まあ、条件があるのだけれど、令状を取って現場を検証しようじゃないか。条件は、検察官を二名出すので、立ち会わせてくれ」と言われました。


検証に異論はない。

道路上においては、普通は任意処分としての実況見分を行うことが多い。

通常、人の家についていてする場合は、強制処分としての検証を行う。街路や外、誰でも一般的に通行できる場所は実況見分でいいと言われている。

証拠能力については、検証も実況見分も一緒だというのが通説である。しかし、一部少数の学者の意見では、やっていることは同じでも、裁判官の令状を取って行うという形式が重要であるから、その証拠能力は異なると言っている人もいる。

通説や判例では、双方の証拠能力は同じであるという考え方であるから、警察では、令状を取る手間をかけるより、実況見分を早くきっちりとやった方がいいという考え方で捜査をしていることが多い。

しかし、理屈では双方の証拠能力は同じということになっているが、やはり、事案によっては、検証令状を取ってやった方が、警察の姿勢なり、裁判官が令状を出しているということで攻撃を受けにくくなるというプラス面がある。だから、事案によっては、そういう手法を使うこともあっていい。

どちらでもできるというときに、いつも検証をやらなくてはいけないということではない。ただ、「ここぞ」と思う時には検証を選択するということがあってしかるべきであると私は思う。

そこで検証をやりました。犯人は二人で、金を取った後にタクシーに乗って逃げていました。東京で二年前に犯人を乗せたタクシーを探し出すことは、非常に難しい。普段、

東京ではそんなことがあり得ないのですが、その時は見つかったのです。聞き込みでそれが分かりまして、それでそのホシの裏も取れて、無期懲役になりました。何とか仕上げることができました。何か一生懸命やっていると通じるものです。

その後、署の受付に「係長、女の人が面会に来ていますよ」と言われ、行ったら、被害者のお嬢さんが来ていました。今でもよく覚えています。大雨が降っている日に、黄色のレインコートを着ていました。

「昨日、犯人が起訴されたことを新聞で見て知りました。本当にありがとうございました。今まで、大変失礼なことを言いましたが、実は、うちは母親が早く死にまして、兄と私は父親に育てられたのです。その父親があういう形で死にましたもので、昨日まで本当に眠れませんでした。昨日は、新聞記事を見て、本当にぐっすりと眠れました。本当に失礼なことを言ったのに、ここまでやってもらって、感謝の気持ちでいっぱいです」

そして、「皆さんで、何かにお使いください」と言って、一ダース分のビール券を封筒に入れていただきました。こんなにビール券が重たいものだとは思いませんでした。

●被害者というレール

一方ではずっと、警察を恨んでいた。恨んでも割り切れない気持ちでいた。それが一度に解けて、非常に大きな感謝の気持ちになった。これが寺尾さんの生き方の原点になったようである。寺尾さんが係長の時であるから、捜査一課の経験としては、まだ初期のころのことだ。

我々は被害者の存在、気持ちを忘れてはいけないのだなあということを、つくづく思いました。難しいからといって逃げていると決していいことはない。難しいほどやって行くべきものだということをこの時に感じました。

それ以後、私は、

「難しいことには背を向けないでやっていくことによって捜査指揮官は育っていく」のではないかと、ずっと思っています。

捜査をする時、捜査指揮をする上で間違わないためには、「被害者が原点」であるということを忘れてはいけない。喩《たと》え話で言うと、「被害者というのはレールみたいなもの」ではないかということです。彼らの上で捜査をする限り、いつかは駅（事件解決）に着くのだけれども、被害者を忘れてしまえば脱線してしまうのです。

捜査官としての熱い思いとおもいやりがあって、被害者というレールの上を走っていけば、必ず駅に着くのだ。

私心を捨てて、被害者のことを考えて仕事をする。そうすると、「よくあそこまでできたなあ」という仕事ができる。

そういう思いを持った人たちが、日本警察を、日本の治安をずっと支えてきたのだと私は思っている。

寺尾さんは、丸の内警察署の刑事課長時代、普通ではちょっと片付かない、難しい事件もやっている。

電車の中で不良を注意した人が反対に殴られてけがをし、犯人はそのまま逃走したという傷害事件である。どこの駅から乗ったかも分からない、不特定多数の乗客の中から犯人を特定するのは非常に難しい。殺しであればそれなりの捜査態勢をとれるが、傷害事件であれば、なかなか大きな捜査態勢はとれない。もちろん、本部からの応援など期待できない。警察署が単独で捜査する事件である。

当時「そんな犯人は許せない」と、非常に反響が大きかった。その犯人を捕まえた。ところで前出であるが、捜査一課の優秀な刑事でE警部補がいた。このE警部補は、寺尾ファンであるから、寺尾さんが丸の内警察署に転勤になってからも捜査一課で自分が携わっている事件の相談に来ていた。

寺尾さんが捜査一課の管理官として戻ることになり、当時の刑事部長に挨拶に行った際に、

「ちょっとやってもらいたい難しい事件がある」

と、下命された事件がE警部補が相談に来ていた事件だった。

この事件は、S署管内に埋め立てした造成地があり、そこの側溝の中から首を絞められた女性の死体が出てきたというものです。しかも、その死体にはコートが掛けられてあり、背が高かったので、側溝に入らなかったのでしょう、踏みつけて中に押し込まれたと思われる跡がありました。殺された女性は、バーのホステスで子供が二人いました。この女性の一番上の男の子は、なかなかできのいいしっかりした男の子で、事件の時は、お母さんが帰って来ないということで、この子が一生懸命に探したらしいのです。自転車置き場にはお母さんの自転車があるし、どこに行ったのかなあといろいろ探したというのです。そして、女の人の死体があるというのをテレビで見て、警察に行ってお母さんと対面することになるのです。

その時に、上申書と称して、その子に書かせたのでしょうが、男の子が書いている文がありました。

そこには、母親が男運に恵まれなかったことや、兄弟たちがそんな男の一人にひどい仕打ちにあったこと、母親が苦しくなって子供を道連れに心中しようとして、子供たちに止められ、二度とそんなことはしない、子供たちが一人前になるまで、必死に生きると約束したことなどが綴《つづ》られていました。

私は言葉ではうまく言えないのですが、わら半紙に書かれたそれを車の中で読んで、涙が止まらなかったですね。文章が上手なのもそうですが、切々たる思いが伝わってきました。何としてでも犯人を捕まえたいと思いました。その容疑者として浮上していたのは、とっくに別れた男でした。実は、お母さんと一緒だった時に千五百万円くらいの保険を掛けていたのです。

たぶん、それが目的だろうと思うのですが、その男にはアリバイがある。まず、その男に間違いがないのですが、どうにもならないのです。アリバイがある以上、犯人ではない。少なくとも単独犯ではないということになります。それで、その踏みつけた痕跡《こんせき》がありましたので、鑑識から来ていた理事官が、痕跡の微物鑑定をやってみたらどうだということを言ってきたのです。

微物というのは、それ自体を分析しても意味がないので、これと同じ物を探すため、この男のいる町を中心に広げ、千葉、埼玉、神奈川と千か所以上の泥を捜査員が集めました。科捜研では部屋が泥だらけになるくらいに毎日それに専従して見てくれたのです。

踏みつけた泥には赤い玉があるということが分かっていました。それに合う泥がないか見たところ、集めた泥の中で、一つだけ合うのがあった。それが、ホシの家の前の泥で、ゴミのうちの一つなのでしょうか。それで、ますます確信を持ちました。

これだけでは、なかなか逮捕状はとれないであろう。そういう人間だから、ちょっと調べてもしゃべらない。多くの場合は任意同行をかけて、落とせそうなものは落とす。しかし、そう簡単には落ちない人間もいる。今の時代は、逮捕状を持って行っても落ちないという人間がたくさんいる。

この事件の場合も、男を調べなくてはいけないだろうということになって、どうやってやろうかといろいろと考える。それで、捜索もやらねばならないということでガサ状（捜索差押令状のこと）を七本とる。逮捕状はとれなくてもガサ状をとれるだけのネタはあった。

以前に、ある警察で任意同行しようとしたら、相手が「嫌だ。行かない。公園までなら」ということで公園まで連れて行って事情を聞いた。すると、突然逃げ出して、ビルの屋上に行き、そこから飛び降りられてしまう事案があった。その時は逮捕状もガサ状も持って行っておらず、同時並行で裁判所に逮捕状の請求に向かわせていた。

十人くらい向かわせて、容疑者を連れて来させました。令状を七つもとりましたから、捜索してそのまま来てもらいました。

「令状があるのか」と言う人間がよくいる。「ある」と言っても嘘ではない。「逮捕状はあるのか」と言われて、「令状ならある」と言っても嘘ではない。七枚も持っているのである。

嘘をついてはいけないにしても、何も聞かれたとおりに全部を答えることはない。

連れて来たものの、これがまた落ちません。深夜一時ころまで調べましたが、一日目は落ちませんでした。それで、その日は帰し、次の日にまた調べました。なかなか落ちないのですが、切り札は子供でした。

子供の話を調べ官が使った。子供たちは苦労したようだ。子供たちがカップラーメン一個を二人で分けて食べたこともある。子供の話、思いを調べ官は使い、被疑者は二日目に落ちた。鬼のような凶悪な犯罪の犯人にも、人の心が残っていることは意外に多いのかもしれない。

調べ官は相手と、心と心を触れ合わさないと、やはり、しゃべらせることはできない。この事件も落としたのは、E警部補だった。以前、E警部補が調べて落とした妻殺しの事件は、落とすのに八日間かかった（一一六ページ参照）が、その方が長くかかっている。相当の強者という相手でも、それだけの準備をし、それだけの思いがあると、二日くらいで落ちることもある。実行行為は共犯者がやっていた。

この事件では、この長男に後日談がある。子供たちを担当した主任と被害者の子供との間では、ずっと年賀状のやりとりがあったそうである。

その後、何年か経って、担当の主任に、「ところで、あの子たちはどうした」と聞いたところ、「年賀状は来ていますよ」と言うので、その年賀状を見せてもらいました。平成十年と平成十一年の年賀状を見せてくれて、平成十年の年賀状には、「結婚しました」と書いてありました。施設を出て、やはり成績がよかったようで、高校まで行けたようです。その子が結婚しましたという年賀状でした。また、平成十一年の年賀状には、「神奈川の○○市でやっと自分の店を開くことができました。どうか刑事さん、見に来てくだ

さい」と書いてありました。私は非常に感動しました。

このような話は、刑事に力を与えてくれる。まさに、刑事冥利《みょうり》に尽きる話である。それを一件やっただけでも「刑事をやってよかったなあ」と思った人たちが何人もいるのだと思う。

Ⅵ　キーワードは熟知

●熟知とはどのようなことか

実際の捜査指揮において、より正しい判断をするには、どのようにすればよいのか。第一に、事件の内容、捜査内容を熟知することである。

当たり前のような話であるが、大事なことである。

「熟知」と概要を知るということでは大違いである。むしろ反対概念であると言ってもよい。県警本部長、刑事部長クラスであれば、捜査概要を知る程度でいいであろうが、捜査主任官が、本当の意味で捜査を指揮しようとすれば、捜査内容を熟知していなければできない。これは、口で言うには易しいが、実際には非常に難しい。

東京の府中《ふちゆう》で東芝の社員のボーナスが奪われた三億円事件（昭和四十三年）の時は、捜査員の数が百人から三百人くらいになったようである。それでも〝お宮〟になってしまった。この事件の一つの反省として、捜査員の動員をかけすぎて、却《かえ》ってまとまらないことになったと言う人もいる。捜査本部を三つに分けたこともあり、統一して全体を見られる人がいなくなった。

オウム事件の時も捜査員の数が多かった。寺尾さんは、オウムの時の捜査一課長である。

百人でやろうと思ったら、三百人くらいを投入しなさいと言われました。三百人でやってても掌握し切れないと思いました。結局、三百人を投入したのですが、誰が何をしているのか分からなくなってしまいます。

寺尾さんでさえ、四十人くらいが限界ではないかと言っている。私のような凡人が、本当に掌握しようとすれば、十人くらいしかできないのかもしれない。あるいは、普段の仕事でのそれぞれの人間同士のつながり具合によっても、その人数の意味合いが違ってくる。気心の知れた部下の場合と、そうでない場合とでは意味合いがだいぶ違う。本当に部下のやっている仕事を一から十まで掌握しようとすれば、三十人も四十人もいれば難しいであろう。

それでは、熟知するというのは、具体的にはどういうことなのか。

いわゆる〝事件を知った時〟に、臨場警察官がどのような人物で、どのような活動を

したのか。これは当然知らなくてはいけません。

これは、意外と掌握できていないことが多い。現場に行った時に、署の刑事、地域警察官、本部からは主管課だけでなく、現場鑑識、機動捜査隊が来ている。自分の所属のことだけならともかく、臨場警察官がそれぞれ、具体的に何をどうやったのか、そこまでは掌握できていないことも多い。後で、報告書だけしか見ていない、あるいは、それさえ見ていない指揮官もいる。

鑑識活動の内容を知らなくてはならない。どんな捜査資料があったのかということを当然、知っておかなくてはいけない。その後に、この鑑識の資料をどこに持ち込んだのか。誰に何を依頼したのか。指紋などは誰に採ってもらったのか。しかも、依頼された人たちの、例えば、科捜研や鑑識の人たちにはどの程度の力があるのか。何が得意なのか。毒物が得意な人もいれば覚醒剤《かくせいざい》が得意な人もいる。みんなオールマイティーというわけにはいかない。だから、最もふさわしい人に担当させなければならない。

●違いが分かる

指紋であっても、三年から五年の経験の人と二十年、三十年の経験の人とでは、違いがあるのは当然である。経験だけではない。経験があって日々進歩している人もあれば、経験だけあっても全然進歩していない人もいる。

その違いを分かっていなければならない。

警察庁にいた時の事例である。ある県で二人の女の子が殺された。後で、容疑者が浮かんで逮捕となったが、全面否認である。微物が決め手となった。実は、この事件では被害者が背負っていたランドセルに指紋が残っていた可能性があった。ランドセルに、ちょっとした指紋らしきものが残っていたが、識別できるものが採れなかった。

しかし、これは人によっては、採れていた可能性がある。小学生の子供が殺されているような事件であるから、採取する側は最大限の注意を払った採取に心掛けなければならない。無造作に取り扱ってはいけない。指紋はただ粉を振れば採れるというものではない。材質によっても採取の仕方が違う。

採取した後の使い方にも、その指紋は、「指名」[※1]でなければ使えないのか、コンピュータにかけることができるかの判断が誤っていることもある。

また、第一編（八五―八六ページ）でも触れたが、ある県の温泉の中で女性が裸で浮いていた事件があった。最初は事件か病死か分からない。調べを進めたところ、首を絞められて殺された状況があることが分かった。旅館にいる人を足止めにして、事情聴取をし、宿帳の住所等も記録する。いったんは皆帰ってもらって事後捜査をすると、一人だけ偽名を使っていて、しかも所在不明になった人物がいた。なかなか見付からなかった。

宿帳は、事件を起こす前に書かれたので、偽名、偽住所であるにしても本物と似ているところがあった。それをヒントに地道な捜査を続けて、ほぼ一年かけて犯人を見付け出した。苦労したよい事件だということで、捜査一課から長官表彰の上申をしてきた。私は当時、警察庁の刑事企画課長であったので、「指紋が現場にあった」ということに気付いた。

指紋は男の泊まった部屋のトイレに残っていた。旅館のトイレは、毎日掃除をするわけだから、その部屋に一人で泊まっていたのであれば、指紋はその日泊まっていた人間のものである可能性が高い。だが、採取した指紋は不鮮明だった。不鮮明ではあるが、これを照会していたらどうだったのか、私は警察庁の鑑識課に聞いてみた。「捜査一課の活動として長官賞の上申が来ている事件で、後で指名で対照はしているようだが、今の技術で指名でなく自動識別で照会できないのか確認してほしい」と頼んだところ、さすが、警察庁の鑑識課である。「実は、うち（鑑識課）でも、それが気になっていましたので、自動識別にかけてみました。すると、一番に出てきました」と言うのである。これを聞いて私は、「なぜ照会してこなかったのか」と思った。

科学技術なり指紋識別などは、日々変化しているのである。昔できなかったからといって今もできないとは限らない。

遺留確度※2の問題もある。このようなケースでは、非常に遺留確度が高い。たくさんの人間が出入りしている場所での遺留指紋というのとは意味が違う。だから、指揮官は、誰が指紋を採取したかだけでなく、どの程度鮮明なあるいは不鮮明な指紋が採取されてどのように処理されているかまでも知っておかねばならない。そのために何をすべきなのか。

熟知するまでにはどうすればいいのか。これはもちろん、努力する以外にないのですが、一番大切なことは、捜査指揮官が、その本部員の中で一番働かなければならないということです。

私がよく言ったのは、「捜査員よりは、一時間は早く出勤してきなさい。帰りも捜査員が帰った一時間後に帰りなさい」ということです。

にもかかわらず、個人表彰で捜査主任官や指揮官がこれを受けることはあまりない。私の個人的な気持ちからすれば、事件によっては捜査主任官に個人表彰をしてあげたい。それくらい苦労してやっているものである。部下から見れば、上の者は遊んでいるように見えることもあるだろうが、そんなことは決してない。上司というのは、通常、部下よりも苦労しているものである。

前の日の捜査結果を一度見て、様々な環境を自分の頭の中で描きながら、捜査会議をやる。捜査会議では様々なことを皆に説明して、捜査員が捜査に出かけたら、捜査資料を読みながら、もう一回、預けてある鑑定資料をできれば自分の目で見る。科捜研だとか鑑識はどうなっているのかと。人が言ってきた内容だけでは、なかなか分からない。電話をしたり、行ったりして見るのです。その内容、結果を自分なりに整理をしていく。そうすることによって、捜査内容を知ることができるのです。これは、なかなか生半可な努力ではありません。

※1　さしな。その者の氏名を指定して行う照会。

※2　犯罪現場の指紋から、関係者の指紋を除いたものを、普通、遺留指紋と呼んでいる。したがって、これは犯人のものとは限らない。犯人と被害者しか出入りしない場所での遺留指紋や、血のついた指紋（血紋）などは、犯人のものである可能性（確度）が高いが、不特定多数の人の出入りするような場所に残されたものであれば、確度が低いとい

うことになる。

●知ったかぶりせず、部下より働く

寺尾さんと私が話をした中で、桶川の事件のことが話題になった。桶川事件では刑事二課長が鑑識出身の人で知能犯捜査の経験がなかった。部下の係長はいわゆるベテランであった。組織では、上司よりも、部下の方が、その担当分野の専門家であり、精通しているというようなことはよくある。そういう時期をどう乗り越えるかが勝負の分かれ目である。このような時期に「俺の方が階級が上だから、黙って俺の言うことを聞け」では済まない。

やはり経験があって、ちょっと癖のある部下を指揮するためには自分が人一倍努力し、苦労しなくてはいけない。そのような部下を動かすにはどうすればいいのかというと、それは知ったかぶりすることではないし、「階級が上だから」と偉ぶることでもない。その人より多く働くということしかない。その人たちに「あの警部は、ど素人だけれども少なくとも俺よりは仕事をしている。俺よりは努力をしている」と思わせるようにしなければ、誰がついてくるであろうか。

私の尊敬する警視庁の刑事（OB）の話である。その人との出会いは、私が新宿警察署の警部補でいた時である。その人は、強行犯係の巡査部長だった。何年も経った後、その人が巡査部長になった時の話をしてくれた。

巡査部長になって鼻高々で新宿警察署に行った。そこには、部下にベテランの○○刑事がいた。そして、ある事件が発生して、自分が調書を取って係長に見せたら、それを読んだ係長が「ああ、そうか、明日から○○刑事が調べをして、君は一緒に行ってくれるか。君が運転してやってくれ」と言われた。それを聞いて憤慨した。痩《や》せても枯れても自分が巡査部長で○○刑事の上司であるのに、なぜ部下が調書を取りに行くために自分が車で送り迎えしなければならないのか。

「私に取らせてください」と係長に言ったところ、「こんな調書を取っているのであればダメだ」と言われた。その刑事も巡査部長に車を運転させることが当然のような態度で、調書を取った。部下が上司を厳しくしごいているのである。負けてたまるかと、ものすごく勉強した。

何年か経ち、昇任して次の警察署に転勤になった。新しい部署で、調書を取って課長に見せたところ、課長はこれを読んで「君は若いのに、これだけの調書を取れるのか」と言ってくれたそうである。そのことを、その当時にしごいてくれた○○刑事に電話で話したところ、意地悪ばかり言っていたという印象だった○○刑事が心底から喜んでくれた。

このような人間関係は結構ある。私自身も個人的に経験がある。「キャリアの若僧が何も分からないのに偉そうな顔をしている」と言われたこともある。みんなこのような時期を乗り越えなくてはいけない。このような時期に、部下に仕事を任せて当たり前とやっていたら、腹の中では皆に馬鹿にされてしまい、いざという時に、組織としてまともな仕事はできなくなってしまう。

●捜査の流れを知る

第二に、熟知することと併せて、捜査の流れを知ることが大切である。

捜査の流れを知らなくてはいけない。流れを知らなければ捜査はできない。殺人事件が発生すると、それと同時に、事件が大きければ大きいほど、いろいろな所属からたくさんの人が来ます。鑑識は来る。機動捜査隊も来る。もちろん、地域課の警察官も集まって来る。そういう中で、この人たちが一体、どのような仕事をするのかということをきちんと知っておかなくてはならない。

寺尾さんが捜査一課長になったころの話である。新宿署の管内に大久保《おおくぼ》という外国人の多くいる場所があり、そこで、薬局の御主人が強盗に刺殺された事件があった。もちろん、寺尾さんも臨場した。刃物で刺されて死んでいた。その薬局のカウンターの上に栄養剤のドリンク瓶が一本置かれていた。そこには争った痕《あと》が残っていたから、これはどう見ても、「栄養ドリンクをください」と言って、そこの御主人が栄養ドリンクを取って置いたと思われるわけである。だから、犯人がそれをつかんでいる可能性が高い。

被害者のもののほかに、もう一つ指紋が採れた。争った痕跡《こんせき》もあるので、おそらく犯人の指紋だろうと考える。しかも、争った場所に免許証が落ちていた。免許証から調べたら、強盗の前科がある。

これは「やった」と思いました。私は「捜査本部にする必要はない。ホシがすぐに割れるだろう」と、その指紋を鑑識に持って行きました。

私はその前に一年半ほど鑑識課長をしていて、指紋のところにはよく電話していましたから、指紋の担当者の顔はだいたい知っていました。それで、「指紋の結果が出るまで待とうじゃないか、ホシが割れたら我々は引き揚げたらいい」と、捜査本部にはしない方針でいました。

ところが、その免許証の男と指紋が一致しないと言ってきたのです。何で合わないいんだ、おかしいではないかと思いましたが、合わないものは合わないのです。そうすると、誰かが前科がある男のせいにするために免許証を置いて、捜査の目をくらませようとしたのかなあ、とも考えました。それなら特捜本部にしなくてはならないと判断しました。そこが、判断のポイントなのです。捜査の流れを知るかどうか。その時、私は、鑑識でこの指紋を調べたのは誰か聞きました。ある人の名前を言いました。その人は指紋に入って十年未満の人です。これじゃ危ないと思って、指紋一筋三十年、三十五年という人がいたので、その二人に、もう一回見てもらえないかと頼んだのです。諦《あきら》め切れなかったのです。

人を信用しなければいけないという面と疑わなければいけない面とのジレンマがある。真面目な人ほどこのジレンマにいつも陥っている。「信用しないと人はついてこない」という面と、「ただ信用していたら判断を誤る」という面とがある。寺尾さんは指紋を見るのは十年以下の経験では難しいということを知っていたから、念のために経験豊富な人に見てもらったのである。

その時に、その指紋が不鮮明な指紋だと承知して見てもらっているのか、鮮明な指紋で見てもらっているのかとでは意味が違う。鮮明な指紋であれば数年も経験があれば見間違えることはない。「指紋が合わない」というのでも、それぞれで意味が違うということを知っていてもらいたい。そういうことが「熟知する」とか、「違いが分かる」という意味なのである。

二人に見てもらいました。鑑識の部屋に見に行ったら、二人が一生懸命に見てくれていて、「どうだ、合わないか」と聞いたら、「ちょっと待ってください。課長室で待っていてください」と言われたので、私は課長室で待っていました。一時間くらい待っていました。鑑定官が来まして、「合います」と言うのです。

寺尾さんとしては最高の人間に見てもらって「違う」というのであれば諦める。そうでなければ、諦め切れなかった。捜査の流れが、諦めてはいけないと言っているのである。指紋が一致すれば、勝負は決まりである。指揮官は、仕事をする人によって、結果が違うことがあるということを分かっていなければいけない。

これは指紋だけの話ではない。大学の教授でも骨の鑑定で男か女の判断を間違えることもある。

血液型でも同じ。新しい血液でさえ間違えることがあるから誤った輸血がある。まして、古い血痕《けっこん》だったらなおさら間違えることがあり得る。だから、身元不明死体でも血液型が違っている場合が稀《まれ》にある。血液型が違っているから別人だという場合と、そうでない場合もあるのである。そういう面をよく理解しなければいけないということである。世の中に絶対ということはない。

私が警察庁の鑑識課長をしていた時に、ある県で大きな事件があった。難しい指紋で、その県では、指紋が合うという人と指紋が合わないという意見とが出たので、警察庁の専門家に見てほしいとの依頼があった。一致する特徴点は十二点あるのだが、合わない特徴点も何点かあった。普通、異同識別というのは、違う点があれば、その他の点でいくら一致してもダメというのが一般的な理解である。一般の物の異同識別についてはそうである。しかし、指紋の異同識別では違う。指紋は重なっている場合があるからである。誰かが触った場所に、あるいは自分の他の指が触れた場所に、さらにもう一回触っている場合などがあり得る。そうすると、異なった特徴点があっても、指紋は一致するという結果になる場合がある。

警察庁で指紋を見るのが確実な二人、一番手と二番手の人に一定時間をかけて見てもらったところ、その結果は、「一致と見て間違いがない」というものだった。現実にそういうことが起き得る。このように本物のプロに見てもらおうとするか否かが、勝負の分かれ目になるというのはよくあることである。

現場に残った血液でも血液型が違うこともある。例えば、輸血されるとそうなる場合がある。原理で言えば、O型の人は誰にでも輸血することができる。輸血したすぐ後であれば、血液型が違うこともあり得る。DNAであれば、輸血してすぐであったり、臓器移植が行われたりしていれば、本人の本来のDNA型とは異なった型が検出されるはずである。稀なケースではあるが、あり得る。指揮官となれば知っておかねばならない。

●証拠の価値

寺尾さんが警部の時に担当した死体無き殺人事件で「無尽蔵事件」といって、判例集などにも出ている有名な事件がある。

東京の池袋にあった「無尽蔵」という骨董屋《こっとうや》の経営者が殺された。死体は最後まで見付からなかった。最高裁まで争われ、有罪にはなりました。証人出廷にも行ったりしました。揉《も》めた原因は私の不備もあるのでしょうけれど、現場に科捜研の職員が行って、血液をネズミの糞《ふん》だと言ってしまったのです。

ロイコマラカイトグリーン検査というのが、ちょうど出始めたころである。ロイコで採ってオキシフルと合わせると青くなるのが人血反応である。ところが、ロイコを付けただけで青くなってしまった。これは鑑定不能で、その職員が「たぶんネズミの小便か何かだろう」などと言ったことから、そのまま、その絨毯《じゅうたん》を捨ててしまった。

捨てさせた私の方も私の方ですけれども、それがやはり公判廷で問題になりました。写真を撮ってありましたから、彼が殴った時の血の痕がそっくりそのまま写っていたという失敗もありました。だから、証人出廷で行った時に、検察官尋問ですから事前に検察官に「なぜ、（絨毯を）捨てさせたのですか」と聞かれて、「私の捜査が未熟で、捨てさせました」と答えたら、「ぜひ、（法廷で）そう言ってくださいね」と言われました。みっともない話ですが、法廷で実際にそう答えました。

知ったかぶりすることはない。その時は検査する人の能力なりがまだ分からない、あるいは、新しい検査もできるようになってすぐと、ある程度定着した後とでは意味合いに大きな違いがある。指揮官によっては、新しい技術が生まれると、十分その発展段階を確認せずに、飛びついて失敗することもある。これは、検察官や裁判官でも同じことである。そうしたことを承知の上で、新しい科学技術の成果に関心を持ち、活用しなければならない。

今では、掌紋でも自動識別装置にかけられるようになっている。以前なら「どうせ掌紋なんか採っても自動識別はできない」と軽視されていた。この変化をわきまえなくてはならない。

微細物分析も同様である。かつてはできなかったものができるようになっている。「SPring—8」もその一つである。自分たちの県でできなくても、ほかの県に持っていけばできることもある。そのような変化にも気付かなくてはいけない。

DNA型鑑定の進歩にも目を瞠《みは》るものがある。イギリスやアメリカでは、数百万人分のデータベースもできあがり、指紋をもしのぐ効果を上げている。

寺尾さんは、先ほどの新宿署管内大久保の強盗殺人事件の犯人が、以前、千葉県で強盗を犯して捕まっていたときに、手口原紙[※1]にいいことが書いてあったと、千葉県警に非常に感心していた。

その手口原紙には、「現場に自分の身分を明かすものを落としていく癖がある」と書い

てあったのです。冗談ではなく、本当に書いてあったのです。いいホシだなあ。そのとおりでした。この手口原紙を書いた人は勇気のある人です。たまたま、自分が捕まえた時も何か落としていたのでしょう。その時もたまたまなのでしょうが、やはり、うちの事件でも落としているのですね。この癖をちゃんと書いている。このような手口原紙を見たことはなかったですね。捜査の流れを知ると、ちょっとした違いが見えてくるのです。

※1　犯罪手口の分析が犯人割り出しに有効と考えられる罪種＝手口犯罪（強盗、窃盗、詐欺、性的犯罪、殺人等）の被疑者を検挙した時に、作成する被疑者の手口に関する情報を記載した原紙。今ではコンピュータ化されているので、手口記録と呼ぶ。

Ⅶ　打つ手に困った時にどうするか

●情報を見直す

ロス疑惑事件の当時、私は警察庁の国際刑事課の理事官であった。警視庁では、この事件の捜査は途中から当時の寺尾管理官に引き継がれたものだった。私は、殴打事件までは関係したが、その後に転勤になったので、後の捜査の詳細は知らない。

この事件では、殴打事件が起訴されて、殺人事件の方は検察庁も「これは無理だ、やらない」という方針をいったんは立てたという。警察でも当初は、殴打事件さえも難しいのでやらないという意見があり、私は「殴打事件はやれる、やるべきだ。証拠は大丈夫だ」という意見であった。「殺人の本件の方がやれないのだったら着手すべきでない」という意見も随分あった。いろいろな議論が紆余曲折《うよきょくせつ》して、「少なくとも殺人未遂事件はやろう」と、当時の警視総監がそういう決断をした。その後、本件の殺人の既遂の方まではなかなか起訴するまでに至らない。検察庁もやれないと言う。しかしながら、粘りに粘って最後は検察庁と組んで、着手前にはアメリカまで検事と一緒に実況見分に行くことになった。

アメリカに行った時に、向こうで会見を求められたのです。記者に「検察は捜査の段階で、どうして警察と一緒に来たのですか。何で捜査に踏み切るのですか」と聞かれたのです。すると、H検事は、「警視庁は捜査をし尽くしました。もうこれ以上の捜査はできないと思います」と言ってくれました。私もそのとおりだと思って聞いていました。

ところが、その後、公判になるとボロボロとやっていないところが出てくるのです。参りましたね。だから、捜査のし尽くしというのは、被疑者が全面的に自供した時のみであり、自供したホシでも、だいたい七割を言うと、皆が自供したと思うくらいですから、ましてや犯人が捕まっていない事件で捜査をし尽くすことはあり得ないと思います。だから、捜査をし尽くしたとは思わないことです。

私も捜査二課の事件などでは、こう言われたことがある。「もうやるだけやりました。(容疑者を)呼ばせてください。調べをさせてください」

本当にやったのかと聞くと「半年、一年をかけて、あれもこれもやりました。もうやることはありません。呼んで調べるしかないのです」

これを聞いて私は「分かった、シロになってもいいのだったらやろう。別に贈賄側や収賄側とつき合いがあるわけでもないし。しかし、もう少し何かやった方が成功の確率が高くなるのではないか」と言ったこともある。私のほうが早くシロクロをつけて、楽になりたいと思うこともあった。

「政治家と絡んだ事件だからやりたくないのではないか、それで呼ばせてくれないのではないか、と陰の声が聞こえますよ」とか言われたりもした。そんなことはない。「本当に事件をやりたいのだったら、もう少し、ここところを詰めたら」と、具体的に一つや二つのことは出てくる。

「潰《つぶ》していい事件なら、サッサと片付けよう」というのが本音である。しかし、実際に捜査している者は、夏の暑い日に尾行したり、冬の寒い日に何時間も寒風の中、張り込んだりしているから、早くやって決着をつけたくなる。もちろん、クロにしたいけれど、シロになったらなったでいいと二課事件の時は、そう思うときがあった。

まだ、やることがある。そのためになにを何をなすべきか、ということを知るためには、今までにやってきた事件の捜査報告書を見直すことです。何回も何回も見直すと、何かの

ヒントは出てきます。

特に大事なものは情報の処理です。情報をこうやって処理したと書いてあるものは意外と十分でないことがある。

あそこの店に行ったら情報が取れるかもしれないと言われて行った。しかし情報が取れなかった。それでやめてしまう。しかし、向こう側に情報がなかったわけではない。本当は情報があったが取れなかった。取るだけの力がなかった。向こう側が話す段階に至らなかったなど、様々なことが考えられる。本当のことを言わないのは被疑者だけではない。一般の善良な人でも、なかなか本当のことを言ってくれない。

だから、「これはやってあります」というのは、あまりあてにならないということを頭に置いておかないといけない。

●三つの三億円事件

警視庁には三億円事件が三つある。最初の府中の三億円事件、これは未解決である。次は、三菱《みつびし》銀行有楽町支店の事件。これは解決してはいないが、指紋が残っていたので、犯人がフランス人であることは分かっている。しかし、日本には死刑があるからと言われて、フランスが犯人を引き渡さない。引き渡さなかったが、フランスの刑務所でギャング同士で撃ち合って射殺された。これは、解決とはいえないが、いわば〝終了〟している事件である。

三つ目が練馬《ねりま》で三億円を盗られた事件である。犯人が、建築会社の社長の家にけん銃を持って入り、その家族を人質に取って、会社に社長から電話をさせて、銀行から三億円を下ろさせ、これを会社から持って来させてそのままドロンしたという事件で、寺尾さんが途中から引き継いだものである。

三つ目の事件は、私が担当した時には、発生から何か月か経っていましたが、未解決でした。当時の刑事部長が、このような事件はホシを挙げなければならない、と毎日、捜査会議に出ていました。結果的にはこの刑事部長がおられるときには検挙できませんでした。

私は難しい事件は見直すことから始めているので、情報の簿冊を見ていたのです。やったということの二番目に書いてあったものですが、その二番目のものが私にはどうも引っかかったものですから、それをやり直しさせたのです。そうしたらホシが出てきました。

だから、情報処理においては、やった（つぶした）ということを鵜呑《うの》みにしてはいけない。どうしても難しい事件の場合はもう一回、無駄をしてもいいから、見直すということをやっていただきたい。

前出であるが、ある県で強盗殺人事件があって、周辺の聞き込みで一年後に、三度同じ警備会社に尋ねて行ったところでやっと、「事件と関係がないかもしれませんけれども、気になっていたことがありまして……」と、犯人に直接結び付く有力な情報を聞き出せたということもある。

だから、「これはやってあります。シロでした」「何もありませんでした」というのが危ない。見る人が見ると、その中から引っかかるものが出てくる。「もう一回やるべきだ。もう一回やるについては、こういう人選でやらせるべきだ」と指揮する必要がある。

●常識的になっていることを疑う

その次に、見直していく過程で、寺尾さんは、

常識的になっていることを疑わなくてはいけない。

とも言っている。

どこかを間違えているのです。だから、既にこれは捜査が終了している、これはシロですとなっているものを、どうしても難しい時は、そこをまず疑うのです。

そのためには、その前提として、先ほど言ったように捜査資料を読み込まなければならない。疑いというのは、なかなか出て来ないのです。

●多角的な目で捜査資料を見る

また、寺尾さんは

捜査資料を別の発想で見ていくことが大切である。

と言っている。これを別の言い方で言うと、

多角的な目で見ていかなくてはいけない。

ということであろう。

例えば、足跡がある。他に証拠がないという場合、その足跡から何が見えるかである。次のような推測はできます。

まずは、足の大きさから身長が想像できます。それと、男か女か、大柄か小柄か。靴底の減り方からも分かることもある。その他に足の裏に何がついていたか微物を見るのです。今は顕微鏡が精巧ですから、そこにガラスの玉があるとか何があるとかが分かります。ですから、その足跡の主がガラス工場で働いている人間であるならば、足跡にはガラスの破片がいっぱい付いているでしょう。

足跡に溶接の細かい鉄粉が付いていたことから、これは溶接工場と関係のある人間ではないかと推測する。実際に溶接工場の社員が犯人だったことがあった。

足跡といえば、「大きさは？　模様は？」などとは聞いても、なかなか「足跡に何か微物は付いてなかったか」と疑問を持つ人は少ない。恥ずかしながら私もこれまでの経験で、このように質問した記憶がない。本当は聞かなくてはいけない。

●証拠品は何に使えるか

その次に、寺尾さんは、

証拠品は何に使えるか。

と言っている。今は使えなくても将来は使えるものがあるということを理解することが重要である。

佐賀の連続殺人事件で時効寸前に「逮捕」した事件があった。寺尾さんが九州管区警察局の公安部長で行ったときに、その当時の体液痕のようなものが残っていて、「このDNA型鑑定ができないか調べたところ、科警研ではできないが、東大の法医学教室ではできるかもしれないと言ってきた。しかし、警察の面子《メンツ》の問題などが絡み合って、『科警研でできないものを他の所に頼むと科警研から怒られるのではないか』などと訳の分からないことを言っている人もいるので迷っている。岡田さんはどう思いますか」と電話が掛かってきた。

私は、「それは、面子の話ではない。それこそやるべきだ。やるだけやらないと後で時効になった時に必ず悔いが残る。もし、やらないで後になって何かが出てきたら、それこそ本部長はクビだ。もう少し時間をかけたら、こういう技術が発達するので、それまでに証拠品を使ったり、破壊したりしてはいけないから今はできないというような理由があるのならいいけれど、そういう理由もなく、ただ『面子が……』というだけなら信じられない。科警研には、どこどこでは鑑定できる可能性があるから鑑定嘱託を出します、と断った上で出すべきではないか」と答えた。

結果的には科警研の判断のとおり出なかった。科警研の判断は正しかった。やはり、DNA型鑑定の技術は科警研が日本では最高のクラスであると思う。

科学技術の進歩は著しい。ただし、ある科学技術が実用段階に入るまでには、それなりの人材による実験や時間が必要である。可能性があるという噂だけで飛びつくと判断を誤ることがある。また、声を聞いただけで身長や体重が分かると言ったり、性格や相性が分かると言ったりする詐欺師のような、自称科学者もいるので注意が必要である。科学捜査は占い捜査とは違う。

●ポイント（流れ）をつかむ

私はギリシャ神話に出てくる神様の話をよくするのですが、捜査をやっているときに一つの流れがあります。慣れてくると、一つの「時期」や「風」を感じ取ることができる。

例えば、任意同行をかける時期、調べる時期、捜査資料を活用する時期、そういう時期が分かってくるのです。その流れをしっかりとつかめるかどうかです。そのポイントをつかめず、逃がしてしまうと後が難しい。だから、この事件のポイントは何だということをつかまなくてはいけないのです。

ギリシャ神話に「時」という意味を持つ神様が二人います。カイロスとクロノスです。クロノスというのは「流れる時間」のことで、カイロスは「チャンス」です。ポイントをつかむときのチャンスなのです。このカイロスの神が描かれている絵を見ると、前から見ると髪の毛がふさふさあるが後ろは禿《は》げ上がっているのです。なぜかと言うと、チャンスが前から来た時に前でしっかりつかまないと、通り過ぎればつかめないということなのです。チャンスというのはそういうものなのです。

一回逃したら大変なことになるのです。

寺尾さんにしては、ユーモアのあることを言っている。警視庁でグリコ・森永事件を真似した事件があった。M製菓とかFという会社を脅かして金を取った事件である。

この時に、特殊班が金を取られて逃げられた。被害者は金を払い込んで、犯人はCD機で下ろしているのですから、ポイントはCDに金を下ろしに来た人間は誰かということですね。キャッシュカードの名義人を調べると、CD機で金を下ろしに来た男とは、全然違うのです。そうすると、誰かが名義人の名前を使ったということです。ところで、預金口座を作ってカードを手に入れるには手間がかかる。申し込んでからCDカードの受取葉書が郵送で送られ、郵便配達人がその住所のポストなどに入れるのです。その葉書を銀行に持って行ってCDカードを受け取るのですから、その仕組みを利用しているのではと思われます。

調べると、その利用された名義人の家に掛けていた表札が少しずれていたということを聞き込むことができたのです。

肝心なポイントは、その表札を動かした時に、指紋がついているかどうかである。その指紋はついていたとしても、ほんのわずかなものであろう。その時に、深い思慮なしに指紋係の人間に採ってくれと頼むのか、鑑識で指紋を採るのが一番上手な人を連れて来て採らすのかなのである。

それで、ちょっとかすっただけの指紋が採れたのです。決め手はこれだったのです。容疑者を調べたときに自供はしなかったのですが、ホシの指紋と合いました。

このことからも「この事件で決め手となるのは何なのか」というポイントをつかまなくてはならないのです。

指紋と掌紋のチャンスを生かせることがもっとあると思う。例えば、車上ねらいなどでも、「ダメもと」で採らせてほしいと思う。現場の写真では、いくら撮っても犯人割り出しにはほとんど役に立たない。指紋・掌紋は、絶対的ではないが、有力な決め手となる。

採れないと思っていても、実は採れることがある。指紋採取で一番使われるのはアルミ粉であるが、シルバーメタリックの自動車にもアルミ粉でやっていてはダメだ。ある交番に行ったら、正直な人で、「シルバーメタリックの自動車には黒色の粉を振ればいいということを初めて教えてもらったので、車上ねらいの被害届のときにもこれを使うようになりました」というのを聞いて、進歩していると考えるのか、まだこの程度かと考えるのか悩ましいと思ったものである。

現場のレベルというのはまちまちである。このような状況も知っていなければ指揮官は務まらない。そのために、刑事課長も普段、交番に行って実情を聞いたり自分の目で見たりしてくるものだと思う。

Ⅷ　犯罪現場の判断～誘拐事件を事例に～

●「不惜身命」「可惜身命」

以前、貴乃花《たかのはな》が横綱になった時に「不惜身命《ふしゃく》」という言葉を使った。「身命を惜しまない」という意味である。元々は仏法の言葉で、仏法の為には命を惜しまないという意味で使われていた。

これと反対の意味になる言葉は、かしゃく（可惜）身命と書いて、「あたらしんみょう」と読む。「あたら若い命を失って残念」といった「あたら」である。可惜は「惜しむべし」、不惜は「惜しまず」である。

貴乃花は「不惜身命」で相撲道に精進したが、誘拐事件捜査、立てこもり事件捜査などは、まさに「可惜身命」である。被害者の命の安全が最大の目的なのである。一番に被害者を無事に救出しなくてはならない。その上で犯人を逮捕するのである。

誘拐事件でも、「事実は小説より奇なり」と言われるように、「本当の話なのか。そういうことが現実に起きるのか」というようなことが起きる。なかなか、机の上の勉強だけでは勝負できない。

●資産家の息子誘拐事件

事件は平成某年四月某日に東京都内で起きた。それまでは、ほとんどの誘拐事件の被害者は子供であった。それ以前に全くなかったということはないが、この事件以降、被害者が大人の誘拐事件が続いたので、この事件が、大人が被害者になる事件の「はしり」となったものである。

犯人は、被害者の家族に二億円を要求した。事件の発端は、ある人物が自分には金があるということを人に言ってしまったことから始まる。お金を持っていることを迂闊《うかつ》に人に話してはいけないということである。

本当は貧しいのに、飲み屋で遺産がたくさんあると言ったがために、強盗に入られて殺されてしまったという人もいるくらいである。

この人物は本当にお金を持っていた。当時はバブルの時代で、自分の土地が七億円で売れた。それを理髪店に行って「ビルが七億円で売れた」と言ってしまったのである。それを誰かが聞きつけて、この人物の息子を誘拐して金を取ろうという計画を立てたのである。

この息子は当時三十歳で、大学卒業後、サラリーマンになった。しかし、サラリーマンを辞めて、その後は定職にも就かず、毎日、家でブラブラしていたようである。

誘拐を認知したのは午後六時ころでした。犯人から「息子を預かっている。警察に知らせるな」と、脅迫電話を受けた被害者の父親が動転してしまい、一一〇番通報をせずに、O市に住む娘婿に電話を掛けて相談し、N警察署には娘婿から電話通報があったのです。そういったことから、通報を受けたN署員も事案の把握に手間取ったようです。

捜査一課の理事官であった私のところに連絡が入ったのは、かなり時間が経過した午前零時ころで、N署に捜査本部を置きました。相手方から二億円の金銭の要求があったのです。身代金の要求にしては大きな額です。金を持っていることをよく知っている人間の犯行ではないかと予測されます。

それから、捜査をしますが、捜査の基本は、まず「逆探」です。犯人からは全部で十一回にわたって脅迫電話が掛かってきたのですが、犯人が極度に逆探知を警戒して、短時間の電話であったために、逆探態勢を強化して、ようやく七回目の脅迫電話で成功しました。あるマンションに電話の主がいることが分かり、そこに捜査員を急行させました。

①宅配業者を装ったが……

捜査員が逆探で分かったマンションに行ったが、ここでちょっと失敗があった。後から分かったことであるが、犯人二人は被害者を誘拐するときに、宅配業者を装って被害者宅に行き、ドアを開けさせて、息子が一人でいるところに刃物を突き付けて連れ出していた。そして、警察もマンションに行く場合は、チェーン錠やドアを壊したりしなければならないこともあるから、チェーンカッター等の資機材も持って行く。しかし、そういった強行手段の前の段階では偽装をする。何をやるのかといえば、一番庶民的なのは犯人と同じである。宅配便を装うわけである。小さな荷物を手にトントンとノックするのである。

ある宅配業者の配達員の服を借りました。そこまではよかったのです。段ボール箱を持って、その部屋の呼び出しベルを鳴らしました。そうしましたら、このへんがちょっと、知恵が足りないのですねえ……。二人で行ったのです。これで、相手に「ピン」とこられてしまいました。大きな荷物であれば二人で持って行けばいいです。小さな荷物にもかかわらず二人で行ったものですから、ホシが覗き窓から見て不審に思い、「これは警察官に間違いない」と悟られてしまったのです。

誘拐犯人ともなれば、相当神経が過敏になっているから、ちょっとしたこともすぐ不審に思う。一人で行っても、あるいは本物の宅配業者が行っても「警察が来たのではないか」と疑うかもしれない。

それで、犯人は何をしたのかと言いますと、もう一人の主犯のホシに電話を入れるのです。この事件にはホシが二人いたのです。

誘拐した息子をグルグル巻きに縛って、警察が割り出したホシが住むマンションに監禁していた。

あっけなかった。そこへ捜査員が行ったわけです。マンションへ行って、チェーンカッターでドアチェーンを切断して部屋の中に入ったら被害者はグルグル巻きにされており、そこにいた男も逮捕できたのです。

この時の反省点は、ちょっとした工夫が足りなかったということである。

②主犯は警察の目の前

また、この事件には、前述したように「本当かなあ」と思えるような後日談がある。主犯がN警察署の前にある理髪店の店主だったのである。理髪店での儲《もう》け話を聞いてと前述したが、客ではなくて理髪店の店主自身がその話を聞いて、自分にも借金があるし、借金のある知人の元警察官にこれを話して、一緒に誘拐をする計画を立てたというのである。警察が踏み込んだ時に、状況を理髪店に電話されてしまったので、店主はバリカンをかけている最中であったが、電話に出た途端、急に真っ青になって散髪を放り出して逃げてしまったそうである。しかも、理髪店が署の前であったから、後で聞いたら、N警察署の刑事課長も二、三日前に散髪に行っていたらしい。警察の動きもよく分かってしまうわけである。

よく以前から言われていることで「誘拐の被害者の自宅に入るには秘匿で入れ」ということがあります。もちろん、警察署に入る時も周囲からみて大袈裟《おおげさ》に思えるようにするものではないとも言っていますが、現実はなかなか難しくて、最初のころは報道の人間も出入りし兼ねないこともあります。目の前にホシがいる場合もあるのです。結果は、自殺この主犯のホシは自殺してしまいました。事件の経緯あるいは捜査上の反省点が、自殺した店主を捕まえて調べたらもっとよく分かったのではないかという意味で非常に残念だった。

この事件では、「事実は小説より奇なり」と思うことがさらにあった。

一人目の犯人を捕まえてから分かったのであるが、その犯人は元警察官であり、取調官と同期生だったのである。もちろん、それが分かって取調べに充てたのではなかったが、取調官が犯人を見て「なんだ、俺の同期生ではないか」ということで、元警察官であることが分かったそうである。

③連絡の遅れは時として命取り

もう一つの反省としては、事件発覚の連絡の遅れがあったことである。

最初の誘拐の連絡は、一一〇番通報ではなくて、直接、N警察署への電話でした。署の方ではなかなか対応がうまくできず、さらに、この誘拐の被害者が大人である場合のはしりだったので、連絡を受けた者が「今まで、子供しか誘拐されたことがないのに、そんな馬鹿なことがあるか」などとすぐには知らせて来なかったのです。

その結果、三時間も連絡が遅れてしまったのです。はじめは、この三時間がどうしても詰まらないので、捜査がなかなかうまくいきませんでした。今まで三十歳の大人が誘

拐されたことなどなかったものですから、誘拐ではないと判断したようです。従来と同じように頭を固くして、固定観念にとらわれていたら、ろくなことがないということがこの事例からも分かります。

警察の初動として若干の問題があったのとは別の問題もあった。それは、被害者の家族は、脅迫電話を受けて、慌てふためいているので、親戚《しんせき》にも近所にも「子供が誘拐されて大変だ」と言いふらしてしまったような状況になっていたことである。

警察が被害者対策班として潜入した時には、被害者宅には親戚、近所の人たち十五、六人が集まっていて、その人たちに説明をして、お引き取りを願ったということである。こういった予想外の事が結構起きるのである。

●銀行員誘拐事件

これも従来ではなかった形の誘拐事件であった。

寺尾さんは捜査一課での経験が長いのであるが、警察署では丸の内警察署の刑事課長をしていたこともある。

警視庁では、年に一回あるいは二年に一回、全署に誘拐訓練をさせる。私も、池袋警察署とか神田警察署で訓練をやった記憶がある。

丸の内警察署管内の居住人口というのは数百人程度だったと記憶する。管内には会社ばかりで住宅が少ない。多いのは寮に住んでいる警察官だと思う。余談にはなるが、選挙の時は大変である。以前、私が神田警察署長をしていた時に、統一地方選挙があった。その時、刑事部長が各署の署長を呼んで、選挙違反の捜査状況を聞くのである。当時、丸の内警察署は何の事件を持っていくのかと尋ねたところ、「神田であった戸別訪問で、一軒だけ確認できたものをやっています」と言っていました。「これは、全然やる気がないな」と思って見ていた。丸の内というのはそういう非常に特殊な場所なのである。

話を戻し、実は、誘拐事件の話をすると発生してしまうという不思議なジンクス（？）がある。わが国は言霊の国だからであろうか。

私が千葉の刑事部長をやった時に誘拐事件がなかったことから、次に兵庫の刑事部長になった時に、

「ぜひ、刑事部長でいる間に誘拐事件を経験してみたい」というような話をしたところ、本当に誘拐事件が起きた。その後、再度本部長として兵庫県に赴任した時、部下にあたる刑事部長に「やはり、刑事部長をやる以上、誘拐事件を経験できたらいいのだが」と言っていたら、十年ぶりに、また発生した。しかも、マスメディアの支局長さんたちとの会合

で、報道協定の経験も大切ですといった挨拶《あいさつ》をして、一週間もしない時であった。丸の内署では、居住人口がないのだから、誘拐事件など起きないだろうと言いながら、銀行員が誘拐されたことを想定して訓練をやろうということにしたそうである。すると、寺尾さんの在任中に銀行員が誘拐される事件が本当に起きたのである。時代によって犯罪も随分変わる。この事件も一つのポイントとなるのは「逆探」であった。

平成某年十一月二十六日午後八時ころ、被害者が誘拐された。

事件の発覚は、「お前の銀行の不祥事がある。○○○○という人間を調べろ。そいつを誘拐してある。三億円を用意しろ」という電話が、その銀行や専務、頭取の自宅にかかってきたことによるものであった。

調べると、実際に銀行に在籍している「○○○○」さんがいなくなっていることが分かって、慌てて警察に届け出たという状況であった。

逆探に成功して、新宿署管内の公衆電話から発信されているということが分かった。そこで、近くで張り込みに従事していた新宿署員を行かせる。行った時には公衆電話には誰もいない。いないけれども、そちらの方向から急ぎ足で来る男がいた。ここでの判断は非常に難しい。この時にどうするのか。押さえるのか、分からないように尾行するのか。理屈や観念論ではもっともらしいことが言われるが、現場判断は本当に難しい。寺尾さんは、この時のことについてこう言っている。

その捜査員はなかなか勘がよく、これはおかしいと思い、通り過ぎてから注意していたら、その男が走って逃げた。それで一生懸命に走って追い掛け、新宿署に同行して調べるのですが、なかなか落ちないという状況でした。

男の言い分は、「何も知らない。電話はしていたが、他のところにしていた」でした。そう言われてしまうと、公衆電話に指紋があってもダメです。「電話なんかしていない。公衆電話に入っていない」と言えば、指紋を採って、指紋が合えば、嘘をついていることが明らかで、やろうと思えばそれくらいの容疑でも逮捕できますね。ですが、言わないのです。ただ、時間的に見ると、どうしてもその男なのです。

結果的にはこの男は犯人の一味だったのであるが、実際には、逮捕するのはなかなか難しい。

犯人の声を録音してありますから、その声と本人の声を合わせるのだけれど、声紋なんて当てにならないから分からない。科捜研に聞いても断定できません。そういう状況で困りまして、逮捕したいけど、どうやって逮捕するのかといろいろ相談をしました。この時に、丸の内警察署は地検のすぐ近くにあったので私は地検に行き声紋鑑定の話をしたりしました。そして、逮捕しようと腹を決めた時にやっとホシが落ちたのです。

【共犯の有無の判断】

〝半落ち〟であったが、こういうのはタイミングがある。

男を同行した時間が十一月二十八日午後三時十六分入電の脅迫電話の後である。そして、落ちたのは、午後十一時ちょっと過ぎぐらいである。「自分がやった。仲間もいる」と自供した。しかし、仲間がどこにいて、被害者をどこに隠しているまでは言わなかった。

男は、「私が電話をしましたし、私がやりました。しかし、仲間がいます」と言うのです。どうせ嘘だよ、どうせ隠しているのだから、緊急逮捕して調べようという方針を決めました。そういう状況でしたから、私は、このホシが絶対に嘘をついていて、実は某場所に誘拐した銀行員はいるのだけれど、それは言えないとなっているのだろうと思っていました。

何とか銀行員のいる場所をしゃべらせて、救い出さなければならないと悪戦苦闘した。

この時に非常に嬉《うれ》しかったのは、地検の刑事部長から午前一時ころ電話がかかってきて、「寺尾さん、これは被害者を助けるか助けないかで警視庁の浮沈がかかっていますよ。まさか、適正捜査ということで、もう調べをやめているんじゃないでしょうね」と言ってくれたのです。

このようなケースで、頭の固い人であれば「夜だと任意性が疑われる」と言う人もいる。どう考えるべきであろうか。こういう場合には、別に、夜中まで調べても違法ではないはずである。取調べの主たる目的は、人質の救出つまり「人命救助」である。命を救うためには調べるのが当たり前である。

こいつがなかなか、吐かないのです。そのうち、午前一時過ぎに、銀行に犯人の一人から「仲間が帰って来ない」と電話がかかって来ました。ですから、「本当に仲間がいたよ」ということになり、泡を食いました。

その犯人にも金を渡すということで呼び出したところ、相手もその気になってくれて、

逆探知に成功して捕まえました。

逆探知した公衆電話ボックスで架電中の男を張り込み中の捜査員が、十一月二十九日午後五時二十五分に職務質問して現行犯逮捕した。

すると、その男もまた、仲間がいると言うのです。こっちの男は意外と早く落ちましたから、アジトであるマンションにいた三番目の男も逮捕して、そこにいた被害者も無事保護できたのです。

裏付け捜査の後、十一月三十日午前零時二十七分に、マンションに捜査員が飛び込んで三番目の犯人を現行犯逮捕、被害者も発生から約七十七時間ぶりに無事に救出したのである。

この犯人はけん銃を所持していた凶悪な人間であった。犯人は全部で三人いたが、一人は殺人、傷害の前科二犯、もう一人は強盗致傷、窃盗の前科五犯、もう一人は前科なしという構成であり、かなり危ない事件だった。

このように、レツ（共犯者）がいると思ったらいなかったり、いないと思ったらいたり、判断に悩むのである。

●医師誘拐事件

次に、これも大人が被害者となった、医師が誘拐された事件である。

このころは立て続けに誘拐事件が起きた。ユニークな事件が続発した時期であった。寺尾さんは「ある意味で大失敗した事件だ」と言っている。大失敗というより、敵がなかなか手強かった、難しい事件だったと思われる。

事件は平成某年一月二十一日、東京の荻窪《おぎくぼ》で発生した。誘拐されたのは、五十八歳の医師で、三千万円を要求された。

環状八号線（環八）で待ち合わせをするのです。犯人との交渉で、三千万円の受け渡しの場所に被害者を連れて来るよう要求したら、被害者を連れて行くということになりました。この時に持って行くお金は、我々は偽券でしようと言ったのですが、奥さんは「お願いしますから、本当のお金でお願いします。もし万一のことがあったら殺されてしまいますから」と言ったのです。そういうことを担当者から聞いたもので、そこまで言うのであれば、本物を入れてもいいのではないかと言いました。

被害者の救助を第一に考えている。

この事件で何が失敗だったのかというと、被害者は無事救出できたが、犯人には三千万円を持って逃げられてしまったのである。逃げた犯人のうち一人が、今度は兵庫県尼崎《あまがさき》市内で立てこもった。この犯人は立てこもりの現行犯人として逮捕されて、立てこもり事件で起訴してから、身柄を東京に移し、誘拐事件について通常逮捕になった。

犯人が車の所に来たのですが、犯人は本物のけん銃を持っていました。撃ったりしていますから本物に間違いありませんでした。指揮本部で無線を聞いていましたら、「被害者確保」という声が聞こえましたので、よかったなあと思っていましたら、突然、無線がプツンと切れたのです。

まさに「可惜《あたら》身命」ですから、被害者を無事救出すれば九割は成功である。報道協定も解除する。ところが、「確保」だけでは、被害者が無事なのか、犯人がどうなったのか分からない。無線は切れたまま入ってこない。

今までの経験上、無線が切れた時には何か失敗したと思った方がいい。ほとんど百パーセント失敗しています。

私はそのような体験はしたことがないが、そんなものかもしれない。

被害者確保は間違いない。その無線は警視庁本部にも入っていたので、当時の刑事部長がそれを聞いていた。警視庁の場合、誘拐は刑事部長が会見することになっていますから、被害者が助かったということを会見で言うために会見場に向かったのです。

被害者の確保の連絡があったのであれば、刑事部長は報道協定解除の申し入れをしなくてはならない。犯人が捕まるか捕まらないのかは問題ではない。報道協定というのは、被害者の命に危害が及ぶか及ばないかで報道機関が結んでいる。被害者が無事なり無事でなくても犯人に新たな危害が加えられることがなくなる状況になれば、当然、報道協定を解除しなくてはならない。その解除をするために警視庁では刑事部長が記者会見に行くのである。

その次に犯人がどうなったのか、待てど暮らせど来ないのです。それで、刑事部長が立ち往生してしまいました。後で分かったのですが、犯人に逃げられてしまい、三千万円も取られてしまったのです。

しかし、この後、すぐに犯人の一人を逮捕した。

実は、この事件は現場が二回設定された。犯人から「金を持ってMスポーツ店にきてください。そうすれば、旦那《だんな》の所へ連れて行きます」という指示があって、Mスポーツ前という所に一回目の現場設定がされた。これが、午後七時三十分。持参人として被害者の奥さんに行かせた。その現場には、男一名が乗車した軽四乗用自動車が来た。その男は奥さんに「Kに頼まれた。この車に乗ってくれ」と言い、奥さんは「夫の姿が見えないので、夫の無事が確認できるまで渡せない」と言って断った。

すると、車は走り去る。これを警視庁の四輪車と二輪車とで追跡した。追跡したところ、その男は追尾を警戒して路地から路地へと回ったりするのだが、中華料理店で一杯飲んで、狛江《こまえ》市まで帰って行った。荻窪から狛江まで、渋滞がなければ三十分もかからない距離である。狛江に着いたのは午後八時四十五分であった。追尾に成功したのである。

しかし、押さえない。いつ押さえるのかというのは難しい。他に共犯がいることが分かっているし、被害者の安全が確認できないので押さえないのである。

午後七時五十五分ころ、奥さんが家に戻ったころに「奥さん、話が違うではないですか。なぜ、金を渡さないのか」と、電話がかかってきた。奥さんにしてみれば、夫の無事が確認できるまで渡せないわけである。そして、二回目の接触の約束をした。この二回目もMスポーツ店前と、一回目と同じ場所を指定してきた。このような状況から、犯人は警察がついていることを知らない可能性が強い。

二回目の約束の時に、被害者を電話口に出して「約束を守ってくれないと、僕は死ぬ。約束を守ってくれ」という声を聞かせている。この時点では被害者は無事である。

そして、二回目の設定場所に行った。この時、一回目の現場設定時と同様に捕捉《ほそく》隊を配置させたが、犯人はけん銃を所持している可能性が濃厚であり、被害者の生命に危険が迫っていると思われることから、被害者対策班に「被拐取者の安全救出を最優先とすること」「被拐取者の安全のためと、奥さんの強い要望から確認がとれたら、現金を渡してもよい」という基本方針を示した。

そして、奥さんが設定場所に向かったのであるが、現場ではやはり、無線の連絡というものは必ずしも理屈どおりにはいかない。途切れたりして、うまく連絡が取れないことがある。午後九時十分に二人組の犯人が被害者を解放したので、奥さんが犯人に三千万円を渡した。この時、捕捉部隊の配置がうまくできていなくて、犯人に逃げられてしまったのである。

私は被害者の確保が大事だから無理をするなと言ったのです。すると、本当に無理をしなかったので、被害者は返してきたけど、お金は取られて逃げられてしまった。

その時々の現場判断は難しいが、私はこの判断で正しいと思う。判断としても結果としても。しかし、当時の警視総監はすごく怒ったようである。

明くる日が大変だったようですね。私が行ったのではなく、刑事部長が総監のところに行ったのですが、総監は「刑事部長、君はよく私の前におめおめと来れたものだな。私は都民に対して顔向けができない」と怒られたようです。

私はこれだけの事件であるから、七十点から八十点の出来だと思うが、つらいところである。後で分かるのだが、敵が七人もいたのである。しかもけん銃を持っている。

その後も追跡捜査を行いましたが、追跡捜査というのは難しいのです。最終的に七人を全員捕まえるのに、三か月くらいかかりました。

【第二線部隊の準備】

この事件での反省点を寺尾さんは次のように挙げている。

この失敗はいろいろあるのですが、私が考えたことは、誘拐事件の配置は、どうしても第一線部隊にいい人材を配置しがちで、第二線部隊のことをあまり考えない。しかし、一回目でホシが割れたらいいのですが、二回目、三回目の現場設定のことを想定しておかないと、状況が変化した時に、その備えができずに失敗する。

しかし、なかなかそれだけのゆとりはない。警視庁でさえそうであるから、他府県では、もっと厳しいものがある。多くの場合は、最初の接触の時の人間を尾行して行くと、そこに被害者もいて「めでたし、めでたし」ということになるのであるが、このケースでは二回目の現場設定にもっていかれた。しかし、よく追尾できた。相手は警戒しているのであるから、大変な作業だったはずである。それを無事にやり遂げたのであるから、さすが警視庁といったところだろう。

欲を言えば二回目、三回目の現場設定がある可能性があるので、この準備もしておかねばならないということである。この犯人たちはこの誘拐のために、けん銃を準備したり下見をしたりするのに、六百万円をかけていた。敵も相当の下準備をしていたわけである。

●レポを押さえるか

このような事例から、反省事項等もあるが、実際に捜査指揮をする時に悩むのは、ホシが来た時、あるいはレポ[※1]が来た時にどうするのが一番正しいのかということである。先ほどの医師の誘拐事件でも、一人目のホシが来た時に、どうするのか。どこまで追いかけるのか。いつ押さえるのか。寺尾さんに言わせると、

「もっと早い段階で押さえるべきではなかったのか」という気持ちのようである。

しかし、それが裏目に出るかもしれないし、この判断が悩ましいところではある。多くの場合、九割は押さえるのであろうか。ただし、五分か十分くらい行った場所で。あまり近くで押さえてしまうと、共犯がいて、見られている危険性がある。

一一四号事件（グリコ森永事件）の時、寝屋川《ねやがわ》でレポを押さえたことがあった。アベックが脅かされて、そのうちの女性が拉致《らち》され、男性は犯人に「あそこに行って金をもらっ

て来い」と言われて金の受け渡し場所に来た。警察は犯人の一味と考えて押さえたが、むしろ被害者で、犯人は取り逃がしてしまった。

その後、今度はどこかの電車の中で「狐《キツネ》目の男」らしい男を見つけて尾行して行って、飛ばれてしまった。もちろん「狐《キツネ》目の男」は、押さえてもすぐには逮捕できないではないかと言われたが、逮捕できなくても、やはり押さえてしまうというのが一つの判断なのだろうか。心理的には、一回目に寝屋川のレポで失敗しているから、追いかけたという要素があったかもしれない。

やはり、押さえるべきだ。そうしなければ、逃げられてしまう。その確率が高い。レポと供述しても、犯人の一味であることが圧倒的に多い。

※1　現金授受の現場等に犯人が現れると、捕まる可能性が高くなるので、犯人側も用心する。そこで、現金の授受場所の指示・変更の連絡や、現金の受け取りあるいは陽動作戦のための連絡役を使うことがある。これをレポと呼ぶ。レポには、通行人やホテル・喫茶店等の従業員、タクシー運転手のように、知情性の全くない第三者が利用される場合のほか、情を知っている場合や、共犯者の場合もある。

①押さえてみたら……

しかし、押さえて、結果的には犯人ではなかった事例もある。

この誘拐事件は、平成某年十一月二十九日に発生した。

七歳の子供が小学校の登校途中に誘拐された。その後、犯人は、

「子供を預かっています。三千万円を用意してください。きょうの午後二時までに、○○寺参道から××山の方へ一キロメートルくらい登った通りの左側にカゴを置くから、そのカゴの中に三千万円を入れてくれ。明日になれば自分の会社もつぶれる。もし、お金をくれなかったら、あなたの子供と一緒に私も死にます」

と、被害者の自宅に電話をかけた。それを聞いた親がびっくりして、一一〇番通報してきたのである。

これを受けて警察は、管轄警察署に対策本部を作って態勢を取って、〝逆探〟などいろいろな捜査を行う。〝逆探〟も一時は成功したが、身柄の確保までには至らない。それで、どうしようかと捜査方針を検討し、その結果、やはり犯人の要求どおりに三千万円の現金を指定する場所に置くこととなり、指定する場所を探しに行った。その場所はすぐには見つからなかったが、二回目に探しに行った時に、犯人が言っていたカゴが置いてあるのが

分かって、そこに三千万円を置いた。この場所は張り込みが非常に難しい場所だったようだが、なんとか秘匿配置に付かせた。実際に三千万円を置いたのが午後二時ころ。その後に犯人から「金は持って行ったか。場所は分かったか」と電話がかかってきて「分かりました。お金は置きました」と母親が答えた。

その後二十分くらい経ってから、自転車に乗った四十歳くらいの男がやって来た。カゴに近づいて、現金が入った紙袋を拾い上げて現場から立ち去ろうとしていた。それで、職務質問を開始して、任意同行したのである。この場所は、普段、人っ子一人通らないような山の中らしい。共犯がいるかもしれないので、何メートルかは様子を見た。そして押さえた。

すると、男は「あわわ」と言う。この人は気の毒なことに耳と口の不自由な方だったため、説明ができなかったのである。実際、この人は、犯人ではない。そういった障害を持つ方は結構注意深い。いろいろなことに関心を持っている。耳と口が不自由な分、他のことに対する感覚が敏感なのであろう。

だから「何か変な物がある」と見つけて、見てみたら、お金だった。この人は善良な人で「これは警察に届け出なければならない」と思ったところで、ワッと捕まってしまう。そういう説明ができないから、警察は任意同行した。

だいぶ追及して、真実が分かったわけである。口をきけない人が誘拐をして、「金をよこせ」と、電話をかけることはできるはずがない。犯人ではない。おそらく、実際の犯人は、その状況を遠目で見て、逃げてしまったのであろう。

この犯人は悪になりきれない人物で、お金を置いたという連絡を確認したら、誘拐した子供を家に帰していた。ちょうど、任意同行をかけた後に子供が家に帰ってきた。捜査陣としても精神的にはだいぶ楽になる。

そして、捜査を進めていき、犯人を逮捕した。犯人が悪になり切れない人間で助かった。犯人の人物によっては、非常に危ないところであった。この事件は、寺尾さんに言わせれば次のとおりである。

私は「間違っていない。これは押さえなくてはいけない」と言いました。この間違いは、たまたまあった、百分の一もない確率の間違いです。

②レポも押さえるのが原則

次の話は「綾瀬《あやせ》の事例」である。寺尾さんは、先のような失敗例もあるが、

原則的にレポの可能性があっても逮捕しなくてはいけないと思う。

と、基本方針を述べている。もちろん、通常はいったん任意同行をしてからということになる。ただ、反応で明らかに〝シロ〟と分かるようなこともある。しかし、原則として早めに押さえて、見えない場所に連れて行って、詳しい事情を聞く。

都会の場合と田舎の場合とでは、どこで声をかけて引っ張るかというのは少し違いがある。

これを寺尾さんが比喩《ひゆ》的に言っているのは、

町で言うなら、せめて曲がり角を曲がったら身柄を押さえていいと思います。

という意見です。それ以上モタモタしていると逃げられてしまう。

「綾瀬の事例」の犯人は若い女性二人であった。事件の発生は、平成某年八月七日午後四時三十分ころ。警視庁の綾瀬警察署管内に住む七歳の子供が塾帰りに誘拐された。その後に、被害者の自宅に若い女性の声で「子供を預かっている。明日の午後五時までに、八百万円を用意してください。北千住《きたせんじゅ》のMというハンバーグ屋に持って来てください」と、電話がかかってきた。この電話を受けた母親が一一〇番してきて事件が発覚した。そして、逆探やその他いろいろな捜査を行う。しかし、最初の脅迫電話以降、電話がかかってこない。逆探ができないのである。

翌日、犯人の要求のとおりに母親を身代金の持参人として行かせた。そこに来たのは、若い一人の女性だった。女性は「この手紙を頼まれてきたのですけれど」と言って、紙を渡す。紙には「この人にお金を渡してください。事情を知らない人ですので安心してお金を渡してください。」と書いてあった。


その状況が無線で入ってきます。現場の捜査員は心配なので
「どうもレポのようです。どうしますか」

と、必ず聞いてきます。

それを「レポだからつけろ」と指示を出せば、そのうち見逃してしまって、雑踏に紛れていなくなってしまう。

だから、最初から「レポでも逮捕していいよ」と言っておかないといけない。本当に違っていたら後で釈放すればいいのですから。ただ、それを見られないような配慮が必要だけれど。

と、はっきり言っている。

「犯人だったら押さえろ。レポだったら尾行しろ」と言われると、現場は困ってしまう。犯人かレポか、が分からないから「どうしますか」と言っているのである。

この事件の場合、一応、「レポです」と、紙に書いてあるのだから、犯人も勉強している。後で分かったことであるが、この犯人たちはテレビの特集番組を見て「自分たちも誘拐をして成功すれば大金を手にすることができる」と考え、はじめから現金を受け取りに行く時にはレポを装うと計画していたのである。

「人に頼まれてきた。この人にお金を渡してください。事情を知らない人ですので安心してお金を渡してください」とは、いかにもわざとらしい。

この時に「お金を渡して行かせなさい」と、持参人に指示するかどうかの判断である。この場合は、「角を曲がってしまえば押さえなさい」と、指示をしたのである。


私が以前に荻窪で家までついて行って、家で確保するといった馬鹿みたいなことをしましたけれど、レポは必ず捕まえるといった考え方でいかないと失敗します。

荻窪の場合もレポでなかった。今回の事件もレポを装ってはいるが、レポではなかった。しかし、レポであったとしても逮捕しても構わない。必ずしも違法逮捕とは言われない。通常の場合は、任意同行という手段を使うであろうが。

兵庫でも悩ましい事例があった。神奈川県で誘拐があって、西宮《にしのみや》の銀行で金を下ろしている人間を押さえた。しかし、犯人は別人で後に、有馬《ありま》温泉にいたところを捕まった。西宮の銀行で押さえた人物は、全く関係のない人であった。情報もずれることがある。この事案では、間違われた人が県を相手に慰謝料を請求し、認められたとの報道があった。

必ずしも逮捕するということではないが、押さえるところは押さえなくてはならない。その時の相手の反応によっても、例えばキョトンとする場合と、しない場合で、ある程度は分かる。判断に迷うときは、だいたい犯人と考えてもいいのだろう。しかし、この時代、「警察だ」と言えば、意味もなくがむしゃらに反抗するタイプの人もいるので、気を付けなければならない。人命がかかっている時であるから、この場合は勘弁していただくしかない。もちろん、後でお詫《わ》びをきっちりとしなければならない。

先ほどの事例の耳と口が不自由な人に対しては、きちんとお詫びをし、しかるべき対応をしなければならない。それを「これは我々の正当な職務だ」と、その人に言っては、その人が悪いわけではないから、それはお気の毒というものである。ただし、世間の人達に申し訳ないという話ではないように思う。

すごく悩みます。必ずといっていいほど「どうもレポのようだ」と言ってきます。レポはまずないと思っていてください。自分が誘拐をするのに、そんな人数を使う奴などあまりいません。基本は身柄をきっちりと押さえる。その押さえ方をどうするかという対応が原則になります。

③レポは九十パーセントない

次の事件では、誘拐後、すぐに被害者が殺されてしまった。東京のK庭園という場所を、犯人は身代金の受渡し場所として指定した。非常に広い所である。

事件は、昭和某年五月九日午後三時ころ、警視庁F警察署管内に住む六歳の子供が誘拐された。被害者の自宅に「〇〇君を誘拐した。千五百万円を用意しろ。二、三日預かるから、とりあえず下着と古い札で二百万円用意しろ」と電話がかかり、電話を受けた両親が一一〇番通報をしてきて発覚した。その後、犯人から「二百万円をK庭園に持ってこい」と要求され、母親を持参人として持って行かせた。それから、犯人がなかなか来ずに一時間半くらい待ったところ、やっとホシが来て、これを押さえた。

この犯人も最後まで「私は人から頼まれただけです。頼んだ人間は、韓国の人間でKことRとMという男二名です。二人は山梨県大月《おおつき》市にいます」と、具体的に言う。

最後までレポを装い、山梨県大月市に韓国人がいて、その人に頼まれたと言うのです。

事件は結果的に、この男の単独犯だった。共犯がいるのか、単独犯によるものなのか、この判断は難しい。

調べ官も、対象が落ちないと、

「これは本当にレポですよ。犯人はほかにいますよ」

となってくるのです。

調べ官というのは、案外、相手に惚《ほ》れ込むところがあるのです。そこがいいところでもあるのかもしれませんが……。

だけど、確信を持って、レポというのはまずないと思っていた方がいい。しかし、仲間がいる可能性はある。

純然たるレポなど、まず滅多にいない。九十パーセント、いや九十九パーセントない。しかし、一パーセントくらいは可能性がある。そこが、現場判断の悩ましいところなのである。

私は以前、こういう話をしたことがある。よく、「同じ失敗を二度繰り返すな」と言われる。ある事象が起きて、七十パーセントは右、三十パーセントは左だと思うことがある。すると、七十パーセントの方を選択するのが普通である。しかし、当然ながら、結果的に三十パーセントの方が〝正解〟であることがある。そうしたら、次に同様の事象が起きた時にどうするか。次もやはり、七十パーセントの方を選択する。選ぶべきなのである。

「前回は七十の方で失敗したから、今度は三十パーセントの確率にかけます」というのは、経験を生かすことではない。前回の経験を生かすというのは、今度も七十、三十の割合の場合、やはり七十の方を選ぶ。しかし、その七十の確率を少しでも七十二や七十三にするよう高めるとか、三十であった時の対応も準備しておくとか、もう一歩突っ込んで、さらにどうするかを考えるのが、本当の意味で経験を生かすことである。そこを念頭に置いておかねばならない。

犯人が一人だと思っていれば、共犯がいる。共犯がいるだろうと思えば、単独犯だったとか、そういうことはよくある。そのように状況が変化することはあろうが、指揮官の方針がグラグラとしているようではいけない。

参ったなあと思うことがあっても、その時はグッとこらえて、その素振りも見せないということも必要である。

相手はもっと恐れている。泥棒などがどこかに立てこもったりすると、とらえようとする側は大変だと思いがちであるが、実をいうと、閉じこもって、どうしようかと考えている方がもっと大変なのである。そこを承知の上で、おたおたしないで攻め込めば勝つ。宮本武蔵の「五輪書」の中にそう書いてある。

④仲間を信用しない来日中国人

最後に「来日中国人の場合」である。平成三年ころから発生していたが、平成六年から十年ころにかけて、特に東京や神奈川で十件ほど誘拐事件が続いた。

あれ（中国人の場合）は、本当に不思議ですね。全部がそうです。レポを捕まえると、必ず「俺のところの奴が帰って来ない。どうした」と、連絡があるのです。

その時は、自信を持って被害者の家族などに「お金は前の人に渡しました。帰っていないのですか」と言わせるのです。すると、中国人は「あの野郎、持ち逃げしやがって」と怒って、すぐに行動を起こす。仲間を信用していないのです。
そして、被害者を側に置いて、四人くらいで見張り番をしていたのに、持ち逃げされたと聞いて、皆がカッとなり、被害者をそっちのけに、一斉に持ち逃げした奴を探しに出るのです。その間に被害者が逃げ出して来るのです。こういう例がいくつもあります。

お互いを信用していない証左である。身代金を要求されている方を信用するのである。警察側から見れば、ありがたい。稀《まれ》に、日本人でもこのようなケースはある。前出の「銀行員誘拐事件」でもそういう節があった。だが、来日中国人のように仲間を追いかけるまではしない。来日中国人はこのような習癖がある。

エピローグ

●反社会的勢力について考える

平成十二年に警察庁暴力団対策部長の職に就いた。その当時、暴力団や総会屋などの反社会的勢力と対決していくに当たって、三つの視点と一つの注意事項があるように思った。三つプラス一、つまり四つのキーワードである。

その第一は、法と常識と見識についてである。法も常識も見識も常に動いている。この三者をバランスよく考えていかないと、反社会的勢力からの企業等の安全も確保し得ない。気まぐれでありながら社会的影響力の極めて強いマスコミに対応するときなどでもキーポイントになる。

最近は、遵法精神ということがよく言われるが、暴力団対策部長になって初めてコンプライアンスだとか、コーポレートガバナンスという言葉を聞いた。これがよく分からない。それが法という世界かもしれない。

常識の難しいところは、自分が常識と思っていることと、他人が常識と思っていることは違うことがあることである。しかし、常識はいつも意識していないと危ない。

見識については、みんながそう言っているから正しいということばかりではない。法の世界でも言えることであるが、時々少数説が大変重要な役割を果たすことがあるし、新しい時代をつくっていくのは少数説である。組織の上に立って、企業経営や不祥事におけるマスコミ対応に当たる場合には特に、この三つを意識していることが大切である。

第二は、**完璧《かんぺき》主義、満点主義からの脱却**である。日本文化はどうも完璧主義、満点主義になりやすい文化なのではないかという気がする。だから、いろいろなことを隠す。かつては何とか隠せたのかもしれないが、だんだん隠せなくなって、うそをついたことがバレて大問題になってしまう。七十点でどうして悪いのか。問題によっては、たとえ十点だとしても、零点よりはいいのではないか、と言えるだけの理論武装をして、説明をしていかなければならない。そういう時代になっているのではないか。

第三は、**「脅し」**や**「騙《だま》し」**のとらえ方、考え方である。県警での刑事部長の経験や様々な事例をみても、戦後の日本文化は、脅しとか、騙しに対して非常に脆弱《ぜいじゃく》な文化になってしまった気がする。それをどう克服するのかを考えていかないと、世の中を健全にしていくのは難しい。最近の振り込め詐欺での高額被害の実態からすると、改めてこの脆弱性が証明されているようにみえる。

この三点が暴力団などの反社会的勢力と戦う場合の私の考え方の根底にある。

あと、善良な人たちとともに戦うに際しての注意事項としてのプラス一というのは、**善意の罠《わな》**とでも呼ぶべきものである。善意と善良さがかえって世の中を悪くすることがよくあるという意味である。

例えば、通信傍受法をつくる議論があったとき、反対する人たちがいる。反対している人たちの中には善良な人たちも多いと思うし、実際そうなのである。

本当に悪い人間は、反対はしていてもあまり表にあらわさない。そもそも、適正な手続によって通信傍受を規制していこうというこの法律は、実は通信傍受を認める法律ではない。もともとこの法律がなくても、通信傍受は一定の範囲でできた。過去にも、裁判所の令状が出て傍受をしたケースはある。この法律は、手続をしっかりと厳格にした上で本当の巨悪と闘う武器を作る、ということに重大な意味があったのである。

しかし、そのときに、そういう法律をつくると警察は権限を濫用するなどと、強い批判があった。批判はあながち悪いとばかりはいえない。しかし、他方で暴力団や、あるいは企業など、例えば、社長派、副社長派間の争いがあるときに、盗聴をしていることもある。このような違法なものを盗聴というのであって、正規の手続で行うのは通信傍受という。

わが国では、こうした違法な盗聴に対しては非常に寛大である。他方で合法的な傍受に対しては偏見が多い。

暴騒音条例をつくるときなども同じである。神田警察署勤務時には、よく右翼が押しかけて大騒ぎをしていた。暴騒音条例をつくると、警察は権限を濫用するといって善良な被害者が反対する。本当にそう思っているのであったら、警察から捜査権を取り上げたらいい。捜査をしなければ濫用もない。捜査権がなければ誤逮捕もない。でも、結局は誰かに治安維持や捜査を担わせるわけである。であれば濫用があり得るから、そういう通信傍受や暴騒音条例の制定をやめろと言うことは、結局、より大きな悪を見逃すだけになってしまうのではないか。当時そういう議論をした。

このようにわが国には、善意の罠に陥りやすい文化があるのではないかということが、私の意識の中にある。

①反社会的勢力の特徴

では、反社会的勢力の特徴はどうなっているのか。

まず、**主体、活動領域のボーダーレス化**が挙げられる。暴力団という言葉は、実は大正時代にも使われていたが、戦後、テキ屋、愚連隊、博徒などが合体して暴力団となったというのが一般的な理解である。最初のころの暴力団は、脅し、暴行、傷害、恐喝などいわゆる粗暴犯的な世界で、一般市民を困らせてきた。

ところが、そういうことをやっていると、そうした直接的な暴力を封じ込めるため金で問題を解決しようとする人や、金で暴力を買おうとする者が出てくる。悪さをする側からすれば、やがて、直接的な暴力を使わずにお金を得ることができるようになってくる。そういうことを、身をもって覚えてくるわけである。そして、金を得る方法も進歩するとともに多様化する。典型的なのが、借金取りである。彼らの世界での金儲《かねもう》けの始まりは、金を取り立てることである。取り立ての仕事をしていくと、利息を高くすれば、お金を貸したほうが儲かるということが分かってくる。貸して儲かると分かれば、その後は金融に行く。金融で儲かってくると、今度は高度成長で不動産などの価格が上がっていく中で、倒産した会社から土地などを取り上げると、更に儲かるということが分かってくるのである。また、手形や小切手に関しても様々な情報が入ってくる。やはり〝センス〟のいい者は、その情報を基に、金儲けの手法を見付けだしていく。このように、金になることにはどんどん手を出していく。そうすると、そこへますますいろいろな情報が集まってきて、更に儲かる。

中小企業の資金調達を助ける「信用保証制度」が出来ると、設備投資や運転資金名目で金融機関から融資金を騙し取ることを思いつくような者も出てくる。日ごろから経済紙を読み、経済状況などを調べていた暴力団員が五十億円近くの金を騙し取った事件なども起きている。暴力と知力、脅しと騙しが結合すると、絶大な効果を発揮することがあるのである。

一方で、刑務所に行くと結構なお金がかかる。大きな組の場合は、一人刑務所に入るとだいたい年間一千万円くらいを負担しなければならないという。儲けた分との差し引きで計算すると、やはりできるだけ儲かって損をしないほうへ向かっていこうということで多様化の傾向を強める。いろいろな新しい仕事を見付けてボーダーレス化していくということは、近年の流れではなく昔からのものなのである。それが反社会的勢力の特徴の一面である。

二つ目は、一面で**肥大化、寡占化**し、他面で**少数精鋭化・潜在化**しているということである。山口組、住吉会、稲川会の三団体が大きくなっている。暴力団の全体の勢力は、平成十八年末時点で構成員が四万一千五百人、準構成員が四万三千二百人であるから合わせて八万四千七百人である。そのうち山口組が四十六・九パーセント、住吉会が十四・六パーセント、稲川会が十一・二パーセントであるから、三団体で全体の七十二・七パーセント（六万一千六百人）を占めていることになる。

いざ、けんかになれば、大きな組織で、しかも上に偉いやつがいたほうが強い。それは会社でも同じである。専務派よりは社長派、あるいは社長派よりも次の社長となるべき専務派など強いほうがいい。強いほうに付いているほうが、戦いは勝ちやすい。山口組などでは、大きくなりすぎてしまったから、二次団体のどの団体に付いているかが重要なポイントとなってきている。やはり組織が大きいことのメリットはいまだにある。

他方で、ちょっと矛盾して見えるが、少数精鋭化・潜在化という面がある。暴対法も制定され、企業活動からの暴力を排除しようといった暴排活動が活発になってくると、暴力団を名乗らないほうが得な場合がでてくる。少なくとも最初は名乗らないで、後で感じてもらえばいいという領域が増えてくる。しかも、そういう領域は儲けも大きい。「俺はこの組から抜ける。俺のところの組員は上部団体に預けて、俺は単身東京に乗り込む。そこで株の世界に入る。やくざが集めた金も俺が運用してやる」といろいろな会社に迷惑をかけた者がいたが、これがそのはしりだと思う。

ITやナスダック、マザーズなどの世界でも、入れそうであれば出資しようという暴力団が出てくるのである。表に出るときは、そういう人間は組を名乗らないほうがいいわけである。ある程度時間が経ってから、背後にそういうのがいるということが分かってくる。そうなると彼らの要求を断れない。ある程度相手を深みに落ち込ませてより儲けを大きくする、といった傾向が見られる。

三つ目は、**資金源の多様化**である。平成九年の金融スキャンダルの後、企業における反社会的勢力の排除の機運が高まったというか、企業がだいぶ本気になった。それまでは、多くの会社が形だけ排除活動をして、実は裏では手をつないでいたりしたこともあったようである。それがやはりまずいということになった。何か事が起きたら自分のところの最高幹部までクビになる、あるいはお縄になってしまうということになって、企業の人たちも苦しんだのだと思うし、大変だったとは思うが、そういう勢力を相当に排除できた。

このことから、えせ右翼やえせ同和のような連中も、一時は高級マンションに住んでいたが、家賃を払えなくなって、弁護士と相談した不動産会社に追い出されたというような話も出てきたのである。

しかし、彼らにも生活があるから、新しい業種、業態に入り込もうとする。彼らは、儲かると思えば何でもやる。笑い話みたいな話であるが、アワビやサザエ、シジミ、野鳥、オオトリ、オオルリ、メジロなどにまで手を出している。目端の利いた者は、高利貸や振り込め詐欺の世界で弱い個人に対する攻撃を強めている。

②総会屋と企業

私が警察に入ったころは、この種の世界において企業は被害者なのだと思っていたが、いろいろと実態を見ていくと、企業は共犯者なのだと考えている人が多くいることが分かった。昭和四十七年に警察に入って、最初に一線の警察署に配属されたのは新宿警察署であったが、昭和四十年代から総会屋が暴力団とくっついたりしてどんどんと増えていった。ちょうどそのころ、各警察署管内に企業防衛協議会、企業防犯協力会などという防犯団体ができ始めた。新宿警察署管内でもつくろうという話になって、いろいろと調べた経験があるが、そのときにまとめたものを見てみると、その当時で大手銀行と証券四社で各社それぞれ年間四億円くらい、その方面に金をばらまいていたそうである。これは、当時のうわさであり、本当かどうかは定かではないが、本当だとすれば大手十社で四十億円となる。当時の大卒の初任給は、四、五万円の時代であり、今の初任給を二十万円とすると、当時の金額の五倍くらいの価値があるだろうと思われる。

ある銀行では、開店前からか、あるいは閉店後なのかもしれないが、随分と人が並んでいたという。おや、随分と人が並んでいるなと思ったら、いや、あれは総会屋が行くと、銀行側で順番に名前を確認して、「はい、あなたはこれ」「あなたはこれ」と封筒を配っているという光景が見られたというのである。

そんなことをすれば、人は集まる。どんどん増えていく。今のような失業者の多い時代にやったらそれこそ大変である。それくらい儲かっていたのであろう。だから、そういうことを気にしないでやっていた、あるいは気にしながらもやっていた。

このようなことが蓄積されて、四大証券や大手銀行の事件になったのだと思う。そのころ、あまり上のほうではない立場で総会屋にお金を配ったり、付き合いをしていた人が社長や頭取、あるいは副頭取になったりするわけである。その結果が、警察に捕まったり、会社も辞めさせられたりするような事態になり、会社も信用を落としてしまったということであろう。

そうした過程で昭和五十六年に総会屋を規制するために商法改正が行われ、総会屋に対する利益供与が禁止された。その後、何件かの利益供与事件が検挙されて裁判になっているが、その中には「どうかな」と思われる判決もある。利益供与をした企業も共犯なのだからといって、総会屋を執行猶予にしているのである。もともと、この犯罪の法定刑は軽かったのだが、その上、企業も共犯なのだから総会屋も大して悪くないのだという論法である。判決の一部を引用すると「被告人らの刑事責任は軽んずることができないものであるといえる」と言いながら、「会社側も株主総会が平穏無事に終わりさえすればよいとの安易な総会軽視の姿勢から、被告人らに働きかけ……」とある。つまり、こうした会社側の態度があって行われたのだから、まあ、重いのだけれども少し軽いと、執行猶予の理由にしているわけである。

ある小売業絡みの事件では「本件のような総会屋への利益供与事案、両方とも加害者的立場にある企業の担当者と総会屋」とはっきり企業も加害者と言っている。その上「秘密《ひみつ》裡《り》に行う犯罪であって、その性格上、発覚した犯罪に対しては厳しく対処しなければ、一般予防的効果があまり期待できない」と言うので、これは実刑だろうと思ったら、「しかし、また本件については、当初は総会屋の側から積極的に利益供与を働きかけたのではなく、むしろ株主総会における攻撃をおそれたI社の幹部が、かねてからの知り合いであった総会屋に仕切りを持ちかけたことが契機になっているのである」と執行猶予にしてしまう。

これは、日本の文化の問題もあって、裁判官は形式的な平等を重んじるから、法定刑が六か月の罰則に、実刑を科すのはかなりきついのかもしれない。このことから、平成九年の商法改正では、法定刑を「三年以下」に引き上げた。また、要求罪を処罰するようになった。この要求罪で、総会屋が企業に利益供与を要求するだけで犯罪となるようにすることができ、企業は共犯から〝離脱〟できるようになったわけである。要求罪のなかったときには、警察の対応も企業にとっては納得のいくものではなかったかもしれない。警察は企業に対して「何でも相談してくれ」と言う。企業が「こういう者からいろいろと因縁を吹っかけられています」と相談すると、警察からは「それはちょっと恐喝にするには弱いしね」「それは事件になりませんわ」などと言われていたわけである。では仕方ないと金を払ってしまったら、企業は自分も共犯にされてしまうわけである。それをこの改正により、相手から要求のあった段階で、被害者として届けがあれば、きちんと捕まえるという仕組みができたのである。

③えせ右翼、えせ同和への対処

他方で、これに関連してよく言われるのが、えせ右翼とか、えせ同和といったもので、今も少なからずあるようである。

企業対象暴力に関する三千社を対象としたアンケートを時々行っているが、ある年のものでは、およそ二千社から回答があり、そのうちの九百社弱が、いろいろなところから様々な要求を受けていると回答している。そのほとんどは、断ると二度と言ってこないと回答している。しかし、その約九百社のうちの一割強がお金を払ってしまったことがあるという結果が出ている。

既出の潜在化という話と関連するかもしれないが、暴力団だ、と堂々と名乗って、組の代紋のある名刺を出して、脅しをかけてくるということは最近では多くはないようである。そうではなく、えせ右翼、えせ同和という形で接近してくるのが、重複回答であるが、それぞれ約六十パーセント弱となっている。

このことからも、ある人は「最近は組のバッジよりも街宣車のほうが怖い」と言う。街宣車の台数は、現在二千台くらいであるが、昭和四十年代は三十台くらいだったようである。それが五十年代に約二百台になって、六十年代前半で千五百台になった。これは、警察もうまく対応できていないということで責任があると思う。しかし、金を出す企業にはもっと責任があるのではないか。街宣車はけっこう値が張るものである。その金を誰が出しているのかという話である。自分が被害に遭わなければいいんだ、と金を出している人もいるかもしれない。このようなことを迂闊《うかつ》に言うと「証拠があるのか」と言われそうであるが……、とにかく、そういう話をよく聞いた。

今、法律や条例をつくるときでも、反対があって苦しいが、裁判所は街宣車に対してはかなり厳しい。民事で仮処分申請などいろいろと訴えていくと、街宣車に関するものはかなり迅速に対応してくれる。

④ともに戦おう！

私は、反社会的勢力との戦いのスローガンとして、「ともに戦おう！」ということを言ってきた。

警察としてつらい面は、例えば、悪いことをやっているやつがいて被害者が警察に届けに来る。「じゃあ、捕まえましょう」と言うと、「いや、捕まえなくていいんです。捕まえられると後でまた何をされるか分からない。来ないようにしてくれればいいんです」と言われることがある。

ストーカーでも同じである。ストーカーを取り締まってほしいという届出がある。警察が、「じゃあ、呼んで調べます」と言うと、「いや、呼ばないでください。本人に接触しないで二度と来ないようにしてほしいんです」と言われることもある。

これは、結構悩ましい問題なのである。届ける人、警察のどちらの言い分が満点というわけにはなかなかいかない。そういうときは、ともに戦いましょう、ということなのである。

警察官は自分たちが税金を払って食わせているのだから、それくらいやるのは当たり前だと言いたくなることもあろう。しかし、やはり一緒に戦わないと効果は薄いのではないかというのが率直な感想である。

ともに戦おうという事例を以下に示す。ある県の刑事部長のときに非常にショックを受けた事案である。

あるデパートで暴力団のチンピラがブルゾンを三万円で買って着ていたが、しばらくして所持金がなくなってしまった。それで、このブルゾンを買った店にけちをつけて金を返してもらおうと、デパートのお客様コーナーに行き、「これ（ブルゾン）は、傷物だった」と訴える。担当の女性が「では、お預かりして、どこでどうつくって、どのようにして売ったか、問題があったらきちっと対応します」と回答する。そうすると、「いや、そんなまどろっこしいことをされても困る。これを返品したいから金を今返してほしいんだ」と言う。担当は「会社の規則でそれはできません。きちっとやらせていただきます」。チンピラは「責任者を呼べ」と騒ぎ出す。

そうして、責任者の課長クラスが出てくる。あまりにチンピラがうるさいものだから、「ちょっと、じゃあ、喫茶店へ行きましょう」などと喫茶店へ誘い、「これ、いくらでしたか」と尋ねる。チンピラが「三万円だ」と答えると、「では、それ私のポケットマネーで出します。それで話をなしにしてください」と言う。チンピラも「うん、話が分かる。やはり幹部というのは物分かりがよくていいじゃないか」などと言って、責任者から金を受け取る。

責任者は金を払ってホッとしていたら、チンピラは三万円などすぐに遣ってしまうから、数日後また来る。

名指しで呼び出され、「おい、この前の話だけど、お前のポケットマネーと言ったよな。

これ、仕事じゃないのか」「ええ、仕事ですけど……」「仕事の金をなぜお前がポケットマネーで払うんだ。おかしいじゃないか」と、チンピラは突っ込む。責任者は困って、「いや、ですけれども、お客様がいろいろとおっしゃるから、仕方がないので」などと言うと、更にぐちゃぐちゃ言われ、もう勘弁してほしいという感じで、また同じくらいの金を払ってしまう。

　相手はもう二度と来ないと言いつつ、数日後また来る。今度は「おい、俺、その話を友だちに話したけど、やっぱりおかしい。そういうことをするやつは、だいたい会社の金を横領しているか何かしているやつしか考えられないと言われた」などと言い出し、「俺は、止めたけれど、そいつが話をつけに来たいと言っている。どうする？」と追い討ちをかける。「いや、困ります」と泣きつくと、「そいつをとめるには金がかかるんだよね」と言われるものだから、金額が上がるのだけれども払ってしまう。

　そうすると今度は、「話をしようと思っても、友だちが納得しないものだから、殴り飛ばしてしまった。そうしたらけがをして、入院した。けがをさせた以上、俺も責任を感じるので、治療費くらいは出してやらなければいかんのじゃないか」となる。

　そのうち、弾みで友だちを死なせてしまったと言い出す。「香典を出せ」。「女房がいたから生活費を出せ」と続く。

なんと八十数回で千八百万円である。その責任者はノイローゼ気味になってしまっている。ある日、夜中にチンピラと電話しているのをその責任者の奥さんが見ていて心配し、一部始終を聞き出す。会社に相談し、警察にも届けて、相手のチンピラは逮捕された。それでやっと終わるのである。そこまで行ってしまうのである。被害者には気の毒だが、もっと早く相談されたらいいのではないかと思うのである。

最近、紳士録詐欺や振り込め詐欺でも、何十回にもわたって数千万円にも及ぶお金を、騙《だま》しあるいは脅しとられるケースがよく報道されている。被害者はそれなりの教育も受け、善良なというか、善良すぎる人のことも多い。何とか、早い段階からともに戦ってほしいと思う。

これは、ある人に聞いたのであるが、その方は、スローガンとして「〝放置国家〟から〝法治国家〟へ」を掲げておられた。なるほどと感心したものである。日本の戦後は、放置国家であると。いろいろな問題があっても、見て見ぬふりをする。あるいは、法律的な手当をしない。そうした中、ようやく組織犯罪対策関係の法律や暴対法ができたり、あるいは、暴力団排除のための規定を整備したりして、法によって治めていくという方向に進んできている。

多くの警察官は、今苦しい時代であるが、一生懸命やっていると思う。一時最低を記録した検挙率も上昇の兆しを見せてきている。今、警察は夜明け前の一番つらいときではないか。そこを脱して、今まで以上に世のため人のための役割を果たすには、警察が一人芝居をしていてはダメで、善良な国民の理解を得て、善良な国民とともに戦う、という姿勢でやらなければならない、と私は思っている。

　これは批判でも何でもないが、警察はよく、「国民とともにある」「国民のための警察」などときれいごとばかり言う。これに対して私はいつも少し異論を差しはさんできた。「そんな枕詞のない国民、頭の言葉のない県民とともには私は戦わない。私は善良な国民、善良な県民とともに戦う」と。

　善良さというのは、ある程度相対的なものであるから、ある場面ではこの人は善良であっても、違う場面では悪人だということはあり得る。しかしながら、根っこにあるのは、やはり、善良な国民、県民とともに戦いたいという気持ちなのである。

あとがき

御茶ノ水《おちゃのみず》の駅を出て、すぐのところに聖橋《ひじりばし》がある。その近くのビルの中で、二人の人が殺され、火が放たれる事件があった。神田警察署の管内では、殺人の捜査本部を作る事件などめったに起きない。寺尾さんとの出会いはそのときが最初である。寺尾さんが警視庁捜査一課の係長、私は神田警察署の署長であった。それから二十五年ほど経つ。

寺尾さんが捜査一課管理官としてロス疑惑にかかわり始めたとき、私は警察庁刑事局国際刑事課というところにいて、同じ事件に一緒に関与した。いずれの事件の時にも、いい仕事をする人だと思った。直接の事件捜査以外でも、公私にわたって長い付き合いである。寺尾さんは私のことを「鑑識関係の研究会で、いつも寝ているくせに、発表が終わると突然質問をして、答えを聞かずにまた寝てしまう」と言って冷やかす。ホテルの寺尾さんの部屋で、別の人と深夜まで議論をして、「自分の部屋でやってほしい」と言われたこともある。そのときでも、寺尾さんにしては珍しいことであるが、目は半分笑っていた。

今、存命の人物の中で、少なくとも一課事件で、寺尾さんほどの経験を積み、実績を挙げてきた人はいない。日本警察の捜査の実情を知る人であれば、おそらく異論はない。死体なき「無尽蔵」殺人事件、ノックアウト強盗致死事件、各種身代金目的誘拐事件、トリカブト殺人事件、ロス疑惑、一連のオウム真理教事件、などなど数え上げればきりがない。ただし、結構無愛想なところがあるので、誤解されている面もある。

数年前から、警察大学校の特別捜査幹部研修所（特捜研）で、捜査指揮に関する講義をしてもらっている。学生からの評判の最も良い講義である。その中身の濃さから、いまだに鮮度が落ちない。本文の中にも書いたが、もともと捜査指揮に関する良い本が少ない中で、寺尾さんに是非、「本物」を書いて欲しいと思っていた。私も特捜研の所長を二年ほど務めさせてもらったので、何度か聴講してその気持ちはますます強まったが、実現に至らなかった。

他方で、私は兵庫県警察本部長時代、自分の経験や思いを、寺尾さんの経験も交え「本部長木曜塾」と称して、十数回にわたって時間外に語ってきた。

結局、そのときのメモをベースに私が書き下ろし、寺尾さんに見てもらって出来上がったのが、この本である。できるだけ観念論を排そうと、具体的事件が七一件以上は語られている。

文字にすると差し障りのある部分もあるので、もともとは後輩の警察官の参考にと考えていたが、裁判員制度も始まるに当たって、捜査官だけでなく普通の人にもテレビや小説、報道で紹介されるものとは、一味違った「本物の捜査」の一端を感じて欲しいと思うに至った次第である。

文庫版あとがき

——何によって犯罪の真相に迫るのか

取調べの全面録音・録画、あるいは捜査手法や取調べの高度化が注目を集めている。これらの問題の前提として「何によって犯罪の真相に迫るのか」を考えてみた。

取調べの録音・録画が議論される契機として大きなものは、冤罪《えんざい》の発生とそれをいかに防止するかであろう。

そうだとすれば、まずやるべきことは、わが国だけではなく、主要国において冤罪がどの程度発生し、その要因が何であるのかを、実証的に検証することである。

「疑わしきは罰せず」という。「疑わしきは捜査も取調べもしない」ということにすれば、捜査や取調べによる冤罪は無くなるかもしれない。また、捜査や取調べをできるだけやりにくくして、難しい事件の起訴や有罪判決の獲得を困難にすれば、結果として冤罪は少なくなる。
「たとえすべての真犯人を逃がすこととなっても、冤罪だけは絶対に起こさせるべきではない」という観念論を貫き通すのであれば「人が人を裁く」ことをやめたほうがいいということになろう。世論からは見えにくいが、現実に冤罪といわれる事件の何百倍、何千倍もの事件で犯人が罪から逃れている。

しかし、それでいいのだろうか。言うまでもなく、捜査を含めたいわゆる刑事司法の目的は、冤罪を無くすことだけではない。犯罪の真相を明らかにして、罰すべき者は罰し、無罪とすべき者は無罪とすることである。あわせて、罪を犯した者が真に自己の犯行を悔いてその改善更生に役立てばなおよい。

その際、まず認識してほしいのは、取調べを重視し全体として精密司法に徹してきた戦後のわが国の刑事司法制度の下における冤罪の発生は、少なくとも英米の制度の下におけるそれよりもずっと少なかったという客観的事実である。もちろんそれでも、冤罪をゼロにする努力は続けられるべきであるが、間違いの根源を取調べのあり方のみに帰するのは公平ではない。

また、取調べにおける捜査官の熱意が、時に虚偽自白を生む要因となることがあることを否定できないにしても、有名な吉展ちゃん事件を例にひくまでもなく、多くの困難な事件において、その真相を明らかにし、真人間を生む手助けになった事件も数限りない。

※ アメリカでは、DNA型鑑定によって無実が証明された囚人の数は、二〇一〇年十月現在、二六〇人以上に及び、囚人たちの釈放までの平均受刑期間は一三年であり、死刑囚も十七人含まれていたと言われている。また、一九七三年以降二〇〇九年四月までの間に無実の罪を晴らされた死刑囚は、DNA型鑑定を理由とするものも含めて一三八人に上るとのことである。（イノセンス・プロジェクト及び死刑情報センターのホームページ）

※ イギリスでは、一九九七年に刑事再審委員会が活動を始めてから、二〇〇六年九月までの間に、三四一件の有罪確定判決が再審のために控訴裁判所に付託され、そのうち一九九件の原判決が破棄されたとのことである。これについて、刑事再審委員会委員長代行である弁護士が「時折、間違いが発生したことが明るみに出されることで、刑事司法に対する国民の信頼はかえって補強される可能性があるが、形だけ冤罪ゼロの統計を作ることは、その信頼を損なうだけである」と、述べたとのことである。（幡新大実「イン

では、刑事事件における真相究明の手段・方法にはどのようなものがあるのか。ざっとあげるだけでも、

①　犯行現場等の資料、状況
②　目撃者その他参考人からの情報提供、取調べ
③　被疑者等の取調べ
④　司法取引
⑤　通信傍受
⑥　おとり捜査
⑦　いわゆる科学的捜査手法の導入・活用

などがある。そうした手法がどのように活用され、どのような長所と短所・弊害を持つのか、諸外国においても相当に蓄積されているはずなので、それらをよく研究・検証してほしい。

私の個人的意見としては、順不同であるが、次のようなことが重要であると考えている。

①　取調べや自白に関心のある人の間では有名なインボー氏他は、『自白』という本の中で「尋問を成功させる主要な心理的ファクターは、非公開――尋問者と被尋問者だけがほかから隔離されること――である」と言い、さらに「たいていの場合、これらの尋問、特に被疑者の尋問は非公開でしかも合理的な時間をかけて行う必要がある。

また、通常の日常的な社会行動の基準にしたがって評価すれば、非倫理的と言われるかもしれない心理的な方法やテクニックを用いなければならない場合がしばしばある」（たとえば、ある種のトリック的な取調べが行われたり、必ずしも真意ではない迎合的な発言や雑談的な会話がなされたりすることもある）と言っている。

他方で、わが国の国会での証人喚問や参考人質疑、テレビインタヴューなどではなかなか真実が語られず、のちに、警察や検察の取調べにおいて真実が語られるというのは、しばしば見聞するところである。

その要因の分析は難しいのかもしれないが、取調べにおける一定程度の非公開・密行性が犯罪捜査における真相究明に重要な役割を果たしていることは間違いない。虚偽自白があり得るからと言って、全体としての治安状況も良く、冤罪や誤判が必ずしも多いとは言えないわが国刑事司法の中で、その役割を否定してしまうことが適切かどうか、大多数の善良な国民にとって良いことなのかどうか、よく検討する必要がある。

その役割を否定せずとも、虚偽自白排除の方法はいろいろあるし、実際機能してきたのではないか（接見交通の拡大、被疑者弁護制度の充実、三審制、再審制度、捜査指揮官の教育など）。刑事司法の入り口である捜査ないし被疑者取調べの段階で、規制を強めすぎることは真相解明にとって弊害が大きすぎる。

ただし、誤った供述を引き出す取調べが、現実に起きることからすれば、取調べ技術・能力の向上にさまざまな工夫を凝らし、一層の努力をすべきことは言うまでもない。

※　わが国では、取調べの内容が犯罪事実に限定されず、情状関係や余罪、被疑者周辺に関する情報（犯罪者の心理、犯行後の行動、仲間や組織の実態、手口など）に及ぶことをどう評価するか、ということも重要である。

②　指紋やDNA型のデータベースの充実と活用。これらの活用については、人間の尊厳を冒すのではないかといった批判が一部になかったわけではないが、わが国や諸外国の運用実績からすればそうした批判には、ほとんど根拠がないことが既に実証されていると言ってよい。

※　二〇一〇年の警察庁調査によると、各国のDNAデータベースは日本の十万人分に対し、

アメリカ合衆国八三三万人分、イギリス五五八万人分、ドイツ六八万人分、フランス一二一万人分、韓国三〇万人分とのことである。

※ドイツでは、二〇〇五年に刑事訴訟法が改正され、犯罪捜査のために特定地域の住民全員を対象として行うような、鑑定対象を特定せずに実施するDNA型一斉調査の要件が定められたというが、わが国でもそうした制度を検討すべきである。そうすれば、二〇〇〇年に発生した「世田谷一家殺人事件」のような捜査の効率化・合理化に重要な役割を果たすであろう。しかもそのような手法は、感情的なものは別として客観的には格別な人権侵害を伴わないものである。犯人と証拠を捜査するに際して、犯人たりえないものを速やかに捜査線上から外すという作業は極めて重要なものである。

※平成十六年十二月から翌年一月までの一か月あまりの間に、性的ないし強盗目的で、三人の女性が同一の犯人とみられる者によって殺害される事件が、福岡県内で発生した。犯人とみられる人物は、少年時代に性的犯罪で検挙されていた。連続殺人事件の一件目の現場には犯人のものとみられる精液が遺留されている。今後わが国で同じような事件が発生したとき、二件目、三件目の事件は防げるであろうか。

③その他の科学技術の積極的活用。例えば、「SPring―8」スプリングエイトを始めとす

る微細物分析技術、死因究明のための人材や機器の活用。

④　黙秘権のあり方についての見直し。イギリスでは、取調べの録音が導入される際、刑事法改訂委員会の報告書では、「犯罪傾向が進んだ犯罪者がしばしば黙秘権を悪用し、質問に全く答えず、その結果、警察の活動に大きな支障を来たして、捜査が行き詰ってしまうおそれすらでてきている。

それ故、その権利を絶対的なものとせず、例えば、被疑者が警察による取調べにおいて、後に防御上主張するに至った事実について何ら供述していなかったときには、裁判所ないし陪審は——右主張の真偽の判定に関し——そのことから相当と思われる推定を導くことができるし、また、被疑者が黙秘したという事実を他の証拠の補強証拠とすることも許されるとするなど、一定の制約を設ける必要がある。

そして、そのような制約を認める以上、黙秘権告知の要請は廃止し、むしろ、黙秘権行使に伴う右のようなリスクの告知を義務付けるべきだ」と主張され、この主張は、王立委員会の報告書では採用されなかったが、一九九四年の「刑事司法及び公共の秩序法」に取り入れられ、現在イギリスでは、黙秘権を制限する仕組みが導入されている。

※　平野龍一元東京大学教授は、「アメリカでは、検察官が一応の立証を果たすと、被告人

の立証段階になり、被告人は証人台に立つか立たないかの選択に迫られる。証人台に立たなければ検察官の立証を認めたとみられることになり（被告人が証人台に立たなかったのはやましい証拠だというコメントを許す制度が、次第に広がってきている）、証人台に立てば、検察官の鋭い反対尋問にさらされる。いずれにせよ公判には、いわば被告人の根拠の無い否認・弁解を破る牙がある。したがって、わが国の公判に一工夫しないで、警察官の行動だけを抑制するわけにはいかないのかもしれない」「ヨーロッパ、たとえばドイツでは、裁判長による被告人尋問が行われる。それはしばしばかなり厳しいものであり、不合理な弁解に対しては、被告人を問い詰めるものである」と述べている。

⑤　通信傍受・おとり捜査等に対する正当な評価と適正な活用。

※　わが国においても、犯罪に関連した会話等を傍受する仕組みはある。しかし、傍受件数は極めて少ない。平成十一年に成立した「犯罪捜査のための通信傍受に関する法律」（平成十一年法律第一三七号）は、傍受令状の請求・発付件数、罪名、逮捕人員等の国会報告と公表を政府に義務付けているが、それによると、平成十四年から平成十九年までの各年の通信傍受実施事件数と傍受が行われた事件に関して逮捕した人員数は、二事件八人、二事件一八人、四事件一七人、五事件一八人、九事件二七人、七事件三四人で

ある。

これに対し、アメリカでは通信以外の会話も含まれるが、二〇〇四年の年間許可件数は一七一〇件、逮捕人員は四五〇六人とのことである。また、人口一〇万人当たりの各国の通信傍受命令件数は、イタリア七六件、オランダ六二件、ドイツ一五件、オーストラリア一一件、イギリス六件、フランス五件、アメリカ〇・五件とも紹介されている。ちなみに平成十九年中におけるわが国での傍受令状発付件数は七事件に対し、一一件だったので、人口一〇万人当たりでは〇・〇一件弱ということになる。つまり、わが国における傍受令状件数は、主要先進国の五〇分の一から八千分の一ということになる。

二〇一〇年十月　　岡田　薫

本書は平成十九年四月に東京法令出版から刊行された
単行本を加筆の上、文庫化しました。

捜《そう》査《さ》指《し》揮《き》

岡田《おかだ》 薫《かおる》

平成22年 11月25日　初版発行
令和7年 6月30日　15版発行

発行者●山下直久

発行●株式会社KADOKAWA
〒102-8177　東京都千代田区富士見2-13-3
電話　0570-002-301（ナビダイヤル）

角川文庫 16539

印刷所●株式会社KADOKAWA
製本所●株式会社KADOKAWA

表紙画●和田三造

●お問い合わせ
https://www.kadokawa.co.jp/（「お問い合わせ」へお進みください）
※内容によっては、お答えできない場合があります。
※サポートは日本国内のみとさせていただきます。
※Japanese text only

ISBN978-4-04-394391-3　C0195

角川文庫発刊に際して

角川源義

第二次世界大戦の敗北は、軍事力の敗北であった以上に、私たちの若い文化力の敗退であった。私たちの文化が戦争に対して如何に無力であり、単なるあだ花に過ぎなかったかを、私たちは身を以て体験し痛感した。西洋近代文化の摂取にとって、明治以後八十年の歳月は決して短かすぎたとは言えない。にもかかわらず、近代文化の伝統を確立し、自由な批判と柔軟な良識に富む文化層として自らを形成することに私たちは失敗して来た。そしてこれは、各層への文化の普及滲透を任務とする出版人の責任でもあった。

一九四五年以来、私たちは再び振出しに戻り、第一歩から踏み出すことを余儀なくされた。これは大きな不幸ではあるが、反面、これまでの混沌・未熟・歪曲の中にあった我が国の文化に秩序と確たる基礎を齎らすためには絶好の機会でもある。角川書店は、このような祖国の文化的危機にあたり、微力をも顧みず再建の礎石たるべき抱負と決意とをもって出発したが、ここに創立以来の念願を果すべく角川文庫を発刊する。これまで刊行されたあらゆる全集叢書文庫類の長所と短所とを検討し、古今東西の不朽の典籍を、良心的編集のもとに、廉価に、そして書架にふさわしい美本として、多くのひとびとに提供しようとする。しかし私たちは徒らに百科全書的な知識のジレッタントを作ることを目的とせず、あくまで祖国の文化に秩序と再建への道を示し、この文庫を角川書店の栄ある事業として、今後永久に継続発展せしめ、学芸と教養との殿堂として大成せんことを期したい。多くの読書子の愛情ある忠言と支持とによって、この希望と抱負とを完遂せしめられんことを願う。

一九四九年五月三日

角川文庫ベストセラー

悪果　黒川博行

大阪府警今里署のマル暴担当刑事・堀内は、相棒の伊達とともに賭博の現場に突入。逮捕者の取調べから明らかになった金の流れをネタに客を強請り始める。かつてなくリアルに描かれる、警察小説の最高傑作！

てとろどときしん　大阪府警・捜査一課事件報告書　黒川博行

フグの毒で客が死んだ事件をきっかけに意外な展開をみせる表題作「てとろどときしん」をはじめ、大阪府警の刑事たちが大阪弁の掛け合いで6つの事件を解決に導く、直木賞作家の初期の短編集。

疫病神　黒川博行

建設コンサルタントの二宮は産業廃棄物処理場をめぐるトラブルに巻き込まれる。巨額の利権が絡んだ局面で共闘することになったのは、桑原というヤクザだった。金に群がる悪党たちとの駆け引きの行方は——。

螻蛄　黒川博行

信者500万人を擁する宗教団体のスキャンダルに金の匂いを嗅ぎつけた、建設コンサルタントの二宮とヤクザの桑原。金満坊主の宝物を狙った、悪徳刑事や極道との騙し合いの行方は⁉　「疫病神」シリーズ‼

繚乱　黒川博行

大阪府警を追われたかつてのマル暴担コンビ、堀内と伊達。競売専門の不動産会社で働く伊達は、調査中の敷地900坪の巨大パチンコ店に金の匂いを嗅ぎつけると、堀内を誘って一攫千金の大勝負を仕掛けるが⁉

角川文庫ベストセラー

ハロウィンに消えた　佐々木　譲

シカゴ郊外、日本企業が買収したオルネイ社は従業員、市民の間に軋轢を生んでいた。差別的と映る〝日本的経営〟、脅迫状に不審火。ハロウィンの爆弾騒ぎの後、日本人少年が消えた。戦慄のハードサスペンス。

新宿のありふれた夜　佐々木　譲

新宿で十年間任された酒場を畳む夜、郷田は血染めのシャツを着た女性を匿う。監禁された女は、地回りの組長を撃っていた。一方、事件を追う新宿署の軍司は、新宿に包囲網を築くが。著者の初期代表作。

鷲と虎　佐々木　譲

一九三七年七月、北京郊外で発生した軍事衝突。日中両国は全面戦争に。帝国海軍航空隊の麻生は中国へ出兵、アメリカ人飛行士・デニスは中国義勇航空隊として出撃。戦闘機乗りの熱き戦いを描く航空冒険小説。

くろふね　佐々木　譲

黒船来る！　嘉永六年六月、奉行の代役として、ペリーと最初に交渉にあたった日本人・中島三郎助。西洋の新しい技術に触れ、新しい日本の未来を夢見たラスト・サムライの生涯を描いた維新歴史小説！

北帰行　佐々木　譲

旅行代理店を営む卓也は、ヤクザへの報復を目的に来日したターニャの逃亡に巻き込まれる。組長を殺された舎弟・藤倉は、2人に執拗な追い込みをかけ……東京、新潟、そして北海道へ極限の逃避行が始まる！